1930 Census Johnson County Tennessee

Volume I

Town of Butler and Districts 4, 5, 6, & 10

Alphabetized and Indexed

Copyright 2002
by
Charles Herman Tester
All Rights Reserved
The Library of Congress Copyright Office
United States Copyright Office # TXu 1-143-429
October 21, 2002

ISBN 978-0-6152-4335-1

This compilation is from the 15th Federal Census of the Population, 1930; the 10th such enumeration of Johnson County. The census 'takers' or enumerators spell as they chose and as a result there are many creative and incorrect spelling of names. Sometimes the hand- was difficult to read. However, with very limited space to write and little training, these enumerators successfully completed a readable and reliable body of work.

The 1930 Census format was extensive and totaled 32 questions concerning citizenship, education, occupation and military service as well as the usual place of abode, names, relationships and age. The eight columns in this compilation are 1-number assigned each family in order of visit by the enumerator 2-surname and given name of each individual living in this household on April 1, 1930 3-relationship of each individual to the head of the family 4-age of each listed individual at last birthday (those less than one year of age are listed as '0' 5-place of birth of listed individual 6-place of birth of father of listed individual 7-place of birth of mother of listed individual 8-occupation as listed for each working individual/all others listed 'none' in the occupation question

With Special Thanks to Nancy and Roland

Family #	Name	Relation	Age	I	F	M	Occupation
Butler							
1	Goodwin, Mary L.	head (wd)	77	TN	TN	TN	farmer
	Goodwin, Stacy	son	55	TN	TN	TN	
	Goodwin, William	son	47	TN	TN	TN	house painter
	Goodwin, Austin	son	43	TN	TN	TN	farmer
	Fine, Mamie G.	daughter	40	TN	TN	TN	
	Fine, Robert L.	grson	13	TN	TN	TN	
	Fine, John F	grson	11	TN	TN	TN	
2	Stout, Callie	head (wd)	63	TN	TN	TN	
	Norris, Guy D.	son	31	TN	TN	TN	hardware salesman
	Norris, Gladys	dau in law	29	TN	TN	TN	
	Norris, Ruth	grdaughter	4	TN	TN	TN	
	Blevins, William	boarder	40	TN	TN	TN	high school teacher
3	Campbell, Lawrence	head	24	TN	TN	TN	laborer lumber mill
	Campbell, Margaret	wife	20	TN	NC	TN	
	Campbell, Paul	son	2	TN	TN	TN	
	Campbell, Mary L.	daughter	0	TN	TN	TN	
4	Forrester, Loyd	head	28	TN	TN	TN	electric co lineman
	Forrester, Mamie	wife	30	TN	TN	TN	
	Forrester, Orabella	daughter	8	TN	TN	TN	
	Forrester, Irene	daughter	6	TN	TN	TN	
	Forrester, Vivian	daughter	4	TN	TN	TN	
	Forrester, Lucille	daughter	2	TN	TN	TN	
5	Ward, Jim C.	head	52	TN	TN	TN	laborer odd jobs
	Ward, Lillie	wife	39	TN	TN	TN	
	Ward, Chelsie	daughter	20	TN	TN	TN	
	Ward, Woodrow	son	14	TN	TN	TN	
6	Eller, Moses W.	head (wd)	69	NC	NC	NC	laborer odd jobs
	Eller, Florence	daughter	32	NC	NC	NC	asst bank cashier
7	Green, Susan C.	head (wd)	69	NC	NC	NC	
	Green, Billie L.	grdaughter	16	NC	NC	NC	
8	Presnell, Wesley	head	40	NC	NC	NC	mail carrier
	Presnell, Mabel	wife	35	NC	NC	NC	
	Presnell, Forrest	son	15	NC	NC	NC	
	Presnell, Vertie	daughter	12	NC	NC	NC	
	Presnell, Earl	son	10	NC	NC	NC	
	Presnell, Edward	son	4	NC	NC	NC	
	Presnell, Dan	son	3	NC	NC	NC	
	Presnell, Roxanne	daughter	2	NC	NC	NC	
	Presnell, Mona Jean	daughter	0	TN	NC	NC	
9	Wilson, George	head	38	TN	TN	TN	laborer lumber mill
	Wilson, Geneva	wife	29	NC	NC	NC	
	Wilson, Lucy	daughter	8	NC	TN	NC	
	Wilson, Margaret	daughter	5	NC	TN	NC	

Family #	Name	Relation	Age	I	F	M	Occupation
	Wilson, Ray	son	3	NC	TN	NC	
	Wilson, Howard	son	1	NC	TN	NC	
10	Goodwin, Paul M.	head	33	TN	TN	TN	lumber dealer
	Goodwin, Alta Lee	wife	30	TN	TN	NC	
	Goodwin, Jean D.	daughter	8	TN	TN	TN	
	Goodwin, Shirley J.	daughter	3	TN	TN	TN	
11	Mary, John P.	head	54	TN	FR	FR	hardware merchant
	Mary, Francis	wife	52	TN	TN	TN	
	Mary, Anna	daughter	14	TN	TN	TN	
	Mary, Fred	son	9	TN	TN	TN	
12	Younce, Victoria	head (wd)	60	TN	TN	TN	seamstress
	Day, Floyd C.	roomer	21	CD	CD	CD	lumber supply clerk
	Bruce, Elmer T.	roomer	20	TN	TN	TN	surveyor hwy dept
13	Younce, Stanley S.	head	37	TN	TN	TN	agent railroad
	Younce, Pauline	wife	22	TN	TN	TN	
14	Swift, David A.	head	52	NC	NC	NC	physician
	Swift, Bess	wife	30	TN	TN	TN	
	Crosswhite, Kate	motherinlaw	61	TN	TN	TN	seamstress
15	Robinson, James D.	head	43	TN	TN	TN	physician
	Robinson, Nannie	wife	42	TN	TN	TN	
	Robinson, James D. Jr.	son	19	TN	TN	TN	
	Robinson, Lena	daughter	15	TN	TN	TN	
16	Campbell, Frank	head	36	TN	TN	TN	teamster odd jobs
	Campbell, Hollie	wife	31	TN	TN	TN	laundress
	Campbell, Mae	daughter	15	TN	TN	TN	
	Campbell, Charlie	son	12	TN	TN	TN	
	Campbell, Elana	daughter	8	TN	TN	TN	
	Campbell, Eula	daughter	5	TN	TN	TN	
	Campbell, Ira Lena	daughter	2	TN	TN	TN	
17	Moore, Charlie	head	46	SC	SC	SC	laborer furn factory
	Moore, Sallie	wife	27	TN	TN	TN	
	Moore, Marjorie	daughter	10	TN	SC	TN	
	Moore, Edward	son	8	TN	SC	TN	
	Moore, Jessie B.	daughter	7	TN	SC	TN	
	Moore, Billie	daughter	3	TN	SC	TN	
	Howell, Bettie	motherinlaw	54	TN	TN	TN	laborer odd jobs
18	Ward, Selmar	head	36	TN	TN	TN	laborer odd jobs
	Ward, Cora	wife	31	NC	NC	NC	
	Ward, Marie	daughter	4	TN	TN	NC	
	Ward, Glen	son	1	OH	TN	NC	
	Kite, Issac	boarder	76	TN	TN	TN	carpenter
19	Ward, Dewey	head	34	TN	TN	TN	laborer lumber mill
	Ward, Virginia	wife	27	NC	NC	NC	
	Ward, Clarence	son	7	TN	TN	NC	

Family #	Name	Relation	Age	I	F	M	Occupation
	Ward, Odis	son	5	TN	TN	NC	
20	McNeal, Josie	head	41	TN	TN	TN	washer woman
	McNeal, Floyd	son	21	TN	TN	TN	
	McNeal, Carmon	son	19	TN	TN	TN	
	McNeal, Ennis	daughter	16	TN	TN	TN	
	McNeal, Bertie	daughter	15	TN	TN	TN	
	McNeal, Charlie	son	10	TN	TN	TN	
	McNeal, Bertha	daughter	8	TN	TN	TN	
	McNeal, Nell	daughter	6	TN	TN	TN	
	McNeal, Ray	son	4	TN	TN	TN	
	McNeal, Virginia	daughter	1	TN	TN	TN	
	McNeal, Wylma	grdaughter	0	TN	TN	TN	
21	Ward, Arnold C.	head	34	NC	NC	NC	cabinet maker
	Ward, Cora Lee	wife	28	TN	TN	NC	
	Ward, Helen	daughter	9	TN	NC	TN	
	Ward, Roy	son	8	TN	NC	TN	
	Ward, Milton	son	5	TN	NC	TN	
22	Slimp, D. Winfield	head	54	TN	TN	TN	carpenter
	Slimp, LuEllen	wife	47	NC	TN	TN	
	Kite, Dorothy	boarder	11	AZ	TN	AZ	
	Kite, Sidney	boarder	9	AZ	TN	AZ	
23	Sheffeld, Wylie L.	head	49	TN	TN	TN	gen store salesman
	Sheffeld, Charlene	wife	31	TN	TN	TN	
	Sheffeld, Charles D.	son	12	TN	TN	TN	
	Sheffeld, Laverna	daughter	10	TN	TN	TN	
	Sheffeld, Helen	daughter	9	TN	TN	TN	
24	Stout, William B.	head	30	KY	TN	TN	civil engineer hwy
	Stout, Vera Jo	wife	19	TN	TN	TN	
	Stout, Alice Ruth	daughter	1	TN	KY	TN	
25	Trivette, Roy A.	head	34	NC	NC	NC	grocery st salesman
	Trivette, Rose	wife	31	TN	TN	TN	
	Trivette, Albert Ray	son	5	TN	NC	TN	
	Trivette, William L.	son	4	TN	NC	TN	
	Trivette, J. Finley	father	62	NC	NC	NC	laborer odd jobs
	Trivette, Maria M.	mother	68	NC	NC	NC	
26	Millsaps, Daisy	head (wd)	36	NC	NC	NC	
	Millsaps, Juanita	daughter	5	TN	NC	NC	
	Millsaps, Marie	daughter	4	TN	NC	NC	
	Millsaps, Anna	daughter	1	TN	NC	NC	
	Millsaps, Ellard	step son	21	NC	NC	NC	laborer furniture ml
	Millsaps, Alvin	step son	17	NC	NC	NC	laborer odd jobs
27	Hagie, Omar C.	head	46	NC	VA	VA	meat cutter
28	Robinson, Hobert A.	head	28	GA	GA	GA	laborer hwy dept
	Robinson, Emma	wife	30	GA	GA	GA	

Family #	Name	Relation	Age	I	F	M	Occupation
	Robinson, Evelyn	daughter	8	GA	GA	GA	
	Robinson, Bettie	daughter	1	GA	GA	GA	
29	Runyon, Neva Caldwell	head	45	NC	NC	TN	
	Caldwell, Virginia	daughter	17	TN	VA	NC	
	Caldwell, Ford	son	15	TN	VA	NC	
	Runyon, Hazel	step dau	16	WV	WV	WV	
	Runyon, Issac	step son	13	WV	WV	WV	
	Runyon, Opal	step dau	11	WV	WV	WV	
	Runyon, Sobel	step dau	7	WV	WV	WV	
	Runyon, Basil	step son	6	WV	WV	WV	
30	Wilson, William C.	head	70	TN	TN	TN	farmer
	Wilson, Nannie	wife	66	TN	TN	TN	
31	Wilson, Fred C.	head	45	TN	TN	TN	farmer
	Wilson, Sallie	wife	45	TN	TN	TN	
	Wilson, Hascal	son	19	TN	TN	TN	laborer odd jobs
	Wilson, Bulah	daughter	16	TN	TN	TN	
	Wilson, Ina	daughter	14	TN	TN	TN	
	Wilson, Vera	daughter	12	TN	TN	TN	
	Wilson, Fred Jr.	son	10	TN	TN	TN	
	Wilson, Jack R.	son	6	TN	TN	TN	
	Wilson, Robert E.	son	4	TN	TN	TN	
32	Atwood, Vernie	head	40	MO	KY	TN	farmer
	Atwood, Eva	wife	23	TN	NC	TN	
	Atwood, Maude	daughter	14	TN	TN	TN	
	Atwood, Wylie	son	12	TN	MO	TN	
	Atwood, Doris	daughter	10	TN	MO	TN	
	Atwood, Beatrice	daughter	8	TN	MO	TN	
	Atwood, James	son	6	TN	MO	TN	
	Atwood, Ruby	daughter	0	TN	MO	TN	
33	Jenkins, Herman	head	28	TN	TN	TN	farmer
	Jenkins, Vivian	wife	24	TN	NC	NC	
	Jenkins, James H.	son	3	TN	TN	TN	
	Jenkins, Charles Wm.	son	2	TN	TN	TN	
	Jenkins, John Franklin	son	1	TN	TN	TN	
34	Cable, Thomas W.	head	45	TN	TN	TN	farmer
	Cable, Sallie M.	wife	39	TN	TN	TN	
	Cable, Thomas Jr.	son	19	TN	TN	TN	
	Cable, Lida	daughter	9	TN	TN	TN	
	Cable, Anna Reece	daughter	4	TN	TN	TN	
35	Walker, Glenn G.	head	37	TN	TN	TN	farmer
	Walker, Leona Dugger	wife	30	TN	TN	TN	
	Walker, George J.	son	4	TN	TN	TN	
	Walker, Mary Ellen	daughter	1	TN	TN	TN	
36	Matherly, Fred M.	head	38	TN	TN	TN	rfd mail carrier

Family #	Name	Relation	Age	I	F	M	Occupation
	Matherly, Verdie	wife	35	TN	TN	TN	
	Matherly, Park	son	13	TN	TN	TN	
	Matherly, Mary	daughter	10	TN	TN	TN	
	Matherly, Carl	son	8	TN	TN	TN	
	Matherly, Doris	daughter	6	TN	TN	TN	
	Matherly, Florence	daughter	4	TN	TN	TN	
	Lipford, Lester	nephew	2	TN	TN	TN	
37	Norris, Golda	head (wd)	39	TN	NC	NC	washer woman
	Norris, Fay	daughter	10	NC	TN	TN	
	Norris, Worley	son	6	NC	TN	TN	
	Norris, Beatrice	daughter	4	NC	TN	TN	
	Dugger, Dora	sister (wd)	48	TN	NC	NC	washer woman
	Dugger, Daphne	niece	23	TN	TN	TN	servant
	Dugger, Susan	niece	19	TN	TN	TN	
	Dugger, Dallis	nephew	21	TN	TN	TN	laborer furniture fct
	Dugger, Billie G.	grniece	5	TN	TN	TN	
	Dugger, Herbert	grnephew	4	TN	TN	TN	
	Dugger, Jack	grnephew	2	TN	TN	TN	
	Dugger, Edwin	grnephew	0	TN	TN	TN	
38	Ward, Noah W.	head	70	TN	TN	TN	laborer odd jobs
	Ward, Bettie	wife	60	TN	TN	TN	
	Ward, Hildred	son	46	TN	TN	TN	laborer odd jobs
	Ward, Blaine	son	21	TN	TN	TN	laborer odd jobs
	Ward, Wade	son	19	TN	TN	TN	laborer furniture fct
	Tester, Nathanel	boarder	36	TN	TN	TN	house painter
39	Oaks, Noah	head	28	NC	NC	NC	
	Oaks, Ollie	wife	40	TN	TN	TN	
	White, Edith	motherinlaw	70	TN	TN	TN	
40	Atwood, George	head	71	KY	NC	NC	farmer
	Atwood, Rachel	wife	64	TN	TN	TN	
41	White, Dewey	head	28	TN	TN	TN	laborer lumber mill
	White, Addie	wife	22	TN	TN	TN	
	White, Norman	son	7	TN	TN	TN	
	White, Pauline	daughter	5	TN	TN	TN	
	White, Earl	son	2	TN	TN	TN	
	White, Clarence	son	0	TN	TN	TN	
42	Stines, Mary	head (wd)	74	TN	NC	NC	washer woman
	Hartley, Rebeckah	daughter(wd)	48	NC	IN	TN	
	Hartley, Tine	grson	27	NC	TN	NC	laborer odd jobs
	Hartley, Edgar	grson	24	NC	TN	NC	laborer odd jobs
	Hartley, Lawrence	grson	22	NC	TN	NC	laborer odd jobs
	Hartley, Jim	grson	18	TN	TN	NC	laborer odd jobs
	Hartley, Rose	grdaughter	15	TN	TN	NC	
	Hartley, France	grson	13	TN	TN	NC	

Family #	Name	Relation	Age	I	F	M	Occupation
	Hartley, Vergie	grdaughter	18	WV	NC	NC	
	Hartley, Virginia	ggrdaughter	4	WV	NC	WV	
	Hartley, Missouri	grdaughter	19	WV	NC	TN	
43	Hackney, Alice	head (wd)	53	TN	TN	TN	
	Hackney, James	son	18	TN	NC	TN	laborer hwy dept
	Hackney, Nina Lou	daughter	13	TN	NC	TN	
44	Bailey, Glenn	head	34	TN	TN	TN	laborer furn factory
	Bailey, Ethel	wife	23	TN	TN	TN	
	Bailey, Darrill	son	0	TN	TN	TN	
45	Stout, Walter H.	head	33	TN	TN	TN	laborer odd jobs
	Stout, Effie	wife	34	TN	TN	TN	
46	Courtner, Isaac W.	head	69	TN	TN	TN	farmer
	Courtner, Emmaline	wife	67	TN	TN	NC	
	Courtner, Nannie	daughter	31	TN	TN	TN	
47	Grindstaff, Henry C.	head	29	TN	TN	TN	laborer furn factory
	Grindstaff, Maude	wife	28	TN	TN	TN	
	Grindstaff, Ruth	daughter	9	TN	TN	TN	
	Grindstaff, Ralph	son	6	TN	TN	TN	
	Grindstaff, Roby	son	5	TN	TN	TN	
48	Millsaps, R. Smith	head	54	TN	TN	TN	laborer lumber mill
	Millsaps, Estella J.	wife	52	NC	NC	TN	seamstress
	Millsaps, Franklin	son	21	TN	TN	NC	laborer odd jobs
	Millsaps, Howard	son	16	TN	TN	NC	laborer odd jobs
49	Eggers, Clarence F.	head	27	TN	TN	TN	carpenter
	Eggers, Mary L.	wife	21	TN	TN	TN	
	Eggers, Aileen	daughter	3	TN	TN	TN	
50	Maupins, Jerry	head	24	TN	TN	TN	trainman lumber ml
	Maupins, Ada	wife	32	TN	TN	TN	
51	Davis, Manuel	head	24	NC	NC	NC	laborer lumber mill
	Davis, Pansy	wife	25	TN	TN	NC	
	Davis, Ollie M.	daughter	3	NC	NC	TN	
52	Mills, James L.	head	33	NC	NC	NC	steamshovel hwy dpt
	Mills, Alma M.	wife	25	NC	NC	NC	
	Mills, James L. Jr.	son	5	NC	NC	NC	
53	France, Mamie L.	head	33	NC	NC	NC	
	France, Ernest J. Jr.	son	14	NC	NC	NC	
54	Lipford, Molly	head	51	TN	TN	TN	
	Lipford, Mary C.	daughter	22	TN	TN	TN	public school teacher
	Lipford, Wayne	son	18	TN	TN	TN	
	Lipford, Belva A. Jr.	son	11	TN	TN	TN	
55	Harris, Ira Q.	head	47	NC	NC	NC	lumber inspector
	Harris, Margaret	wife	41	NC	TN	NC	
	Harris, Louise	daughter	14	TN	NC	NC	
	Harris, James C.	son	13	TN	NC	NC	

Family #	Name	Relation	Age	I	F	M	Occupation
56	Hazlewood, William G.	head	55	TN	TN	TN	truck drvr odd jobs
	Hazlewood, Naomi	wife	50	TN	TN	TN	
	Matherly, Ruth	niece	18	TN	TN	TN	
57	Maupin, Abner	head	55	TN	TN	TN	laborer lumber mill
	Maupin, Lois	wife	45	TN	TN	TN	
	Maupin, Ernest	son	17	TN	TN	TN	log train engineer
	Maupin, Mary	daughter	16	TN	TN	TN	
	Maupin, Grace	daughter	13	NC	TN	TN	
	Maupin, Hugh	son	11	NC	TN	TN	
	Maupin, Hazel	daughter	6	NC	TN	TN	
	Maupin, Willie	son	2	NC	TN	TN	
58	McQueen, Andy H.	head	54	TN	TN	TN	town mayor
	McQueen, Rosa	wife	39	TN	TN	TN	
	McQueen, Doris	daughter	19	TN	TN	TN	
	McQueen, Howard	son	15	TN	TN	TN	
	McQueen, Harold	son	11	TN	TN	TN	
	McQueen, Jack	son	9	TN	TN	TN	
	McQueen, Rex	son	6	TN	TN	TN	
59	Whiting, William S. Jr.	head	23	VA	MI	NC	lumber mill mgr
	Whiting, Emily	wife	22	NY	NY	OH	
	Whiting,CorneliaCaroline daugl	daughter	0	NY	VA	NY	
	Herman, Minnie	servant	45	NC	NC	NC	servant
60	Dyer, Calvin G.	head	49	NC	NC	NC	black smith
	Dyer, Bettie	wife	42	TN	TN	TN	
	Dyer, Irene	daughter	16	TN	NC	TN	
61	Courtner, Allen	head	38	TN	TN	TN	grocery merchant
	Courtner, Mae	wife	36	TN	TN	TN	
	Courtner, Chloe	daughter	15	TN	TN	TN	
	Courtner, Earl	son	13	TN	TN	TN	
	Courtner, Vernell	daughter	11	TN	TN	TN	
	Courtner, Frances	daughter	9	TN	TN	TN	
	Courtner, Paul	son	3	TN	TN	TN	
	Courtner, Howard	son	1	TN	TN	TN	
	Smith, John Taylor	boarder	55	TN	TN	TN	carpenter
62	Smith, Grayson	head	66	TN	TN	TN	laborer odd jobs
	Smith, Annanita	wife	62	TN	TN	TN	
63	Nave, Red W.	head	40	TN	TN	TN	machinist lmbr mill
	Nave, Julia G.	wife	38	TN	TN	TN	
	Nave, Stanford	son	15	TN	TN	TN	
	Nave, Carl	son	13	TN	TN	TN	
	Nave, Robert	son	9	TN	TN	TN	
	Nave, Red W. Jr.	son	6	TN	TN	TN	
	Nave, Florence	daughter	4	TN	TN	TN	
	Nave, Harry G.	son	3	TN	TN	TN	

Family #	Name	Relation	Age	I	F	M	Occupation
	Nave, Anna L.	daughter	0	TN	TN	TN	
64	Lipford, Clyde	head	33	TN	TN	TN	rfd mail carrier
	Lipford, Vernie	wife	30	TN	TN	TN	
	Lipford, Ruby	daughter	13	TN	TN	TN	
	Lipford, Vivian	daughter	10	TN	TN	TN	
	Lipford, Ramona	daughter	7	TN	TN	TN	
	Lipford, Mark	son	6	TN	TN	TN	
	Lipford, James	son	3	TN	TN	TN	
65	Smith, Elbert	head	35	TN	TN	TN	mchnst furniture fct
	Smith, Ona B.	wife	30	TN	TN	TN	
	Smith, Kelsie	son	8	TN	TN	TN	
	Smith, Earl	son	6	TN	TN	TN	
66	Caldwell, Robert E.	head	52	TN	TN	TN	county deputy shriff
	Caldwell, Rhoda	wife	53	TN	TN	TN	
	Caldwell, Walter	son	35	TN	TN	TN	
	Caldwell, Arthur	son	33	TN	TN	TN	carpenter
	Caldwell, Hugh	son	30	TN	TN	TN	laborer odd jobs
	Caldwell, Edna	daughter	24	TN	TN	TN	
	Caldwell, Victor	son	21	TN	TN	TN	laborer odd jobs
	Caldwell, Merle	dau in law	21	NC	NC	NC	
	Caldwell, Doris	grdaughter	1	TN	TN	NC	
	Rhymer, Jane	motherinlaw	85	NC	NC	NC	
67	Gregg, William	head	47	WV	WV	WV	sawfiler lmbr mill
	Gregg, Lillie D.	wife	43	WV	WV	WV	
	Gregg, Ruth	daughter	22	WV	WV	WV	
	Gregg, Pauline	daughter	17	WV	WV	WV	
68	Wilson, John G.	head	74	TN	TN	TN	casket merchant
	Wilson, Nettie F.	wife	62	TN	TN	TN	
	McGuire, Alfred	boarder	85	PA	PA	PA	
69	Stout, Alford M.	head	42	TN	TN	TN	asst bank cashier
	Stout, Clara	wife	40	NC	NC	NC	
	Stout, Selma	daughter	18	TN	TN	NC	
	Stout, Eula Kate	daughter	14	TN	TN	NC	
	Stout, Helen M.	daughter	5	TN	TN	NC	
	Morgan, Josie	sisterinlaw	48	NC	NC	NC	
70	Norris, Mack	head	62	NC	NC	NC	farmer
	Norris, Nancy	wife	59	TN	TN	TN	
	Norris, Buster	son	18	TN	NC	TN	
	Evans, J.D.	grson	14	NC	TN	TN	
	Evans, Clevo L. Jr.	grson	8	NC	TN	TN	
71	Curtis, Wm. B.	head	35	TN	TN	TN	retail merchant
	Curtis, Mary	wife	26	TN	TN	TN	
	Madron, J. Horace	roomer	24	NC	TN	NC	dentist
72	Curtis, Finley P.	head	34	TN	NC	TN	retail merchant

Family #	Name	Relation	Age	I	F	M	Occupation
	Curtis, Ruth	wife	27	AL	AL	AL	
73	Dugger, Sandy B.	head	42	TN	TN	TN	carpenter
	Dugger, Janie	wife	41	TN	TN	TN	
74	Bristol, Elbert	head	29	TN	NC	TN	laborer lumber mill
	Bristol, Binnie	wife	29	TN	TN	TN	
	Bristol, Myrtle	daughter	10	TN	TN	TN	
	Bristol, Emma G.	daughter	8	TN	TN	TN	
	Bristol, Hazel B.	daughter	4	TN	TN	TN	
	Bristol, William E.	son	2	TN	TN	TN	
	Bristol, Ruby K.	daughter	0	TN	TN	TN	
75	Curtis, Selma R.	head (wd)	65	TN	GR	TN	
	Curtis, Selma	daughter	29	TN	NC	TN	
76	McElyea, David	head	41	TN	TN	TN	laborer lumber mill
	McElyea, Ollie V.	wife	37	NC	NC	NC	
	McElyea, Ruby	daughter	16	TN	TN	NC	
	McElyea, Morrie	son	12	TN	TN	NC	
	McElyea, Hazel	daughter	9	TN	TN	NC	
	McElyea, Cecile	daughter	6	TN	TN	NC	
	McElyea, Dayton	son	3	TN	TN	NC	
77	Shoun, Thomas J.	head	70	TN	TN	NC	farmer
	Shoun, Ellen	wife	61	TN	VA	TN	
78	Brown, Atlee	head	26	NC	NC	NC	laborer lumber mill
	Brown, Hettie	wife	36	TN	TN	TN	
79	Isaacs, Charlie	head	25	NC	NC	NC	laborer lumber mill
	Isaacs, Mamie	wife	21	TN	TN	TN	
	Isaacs, Ruth	daughter	5	NC	NC	TN	
	McNiel, Thomas	boarder	63	NC	NC	NC	laborer furniture fct
80	Reece, U. Grant	head	57	TN	NC	TN	farmer
	Reece, Celia	wife	57	TN	NC	TN	
	Reece. Alice	daughter	23	NC	TN	TN	
	Reece. Boyd	son	15	NC	TN	TN	
	Reece, Rose	daughter	12	NC	TN	TN	
81	Todd, Chester A.	head	44	MS	US	US	high school prin
	Todd, Vera	wife	36	TX	MO	IL	
	Todd, Chestilie	daughter	11	NM	MS	TX	
	Todd, Katherine	daughter	10	NM	MS	TX	
	Todd, Alice	daughter	7	TX	MS	TX	
82	Starnes, Alice	head (wd)	62	TN	TN	NC	
83	Ward, John M.	head	32	TN	TN	TN	laborer odd jobs
	Ward, Onie	wife	22	TN	TN	TN	
84	Shull, Carrie	head	55	TN	US	TN	
85	Smith, Uri D.	head	38	VA	VA	VA	lumberman lmbr ml
	Smith, Blanch O.	wife	30	VA	VA	TN	stenographer lbr ml
86	Ingram, Ed	head	25	KY	KY	TN	civil engineer hwy

Family #	Name	Relation	Age	I	F	M	Occupation
	Ingram, Martha S.	wife	19	FL	NC	AL	
	Ingram, William S.	son	0	FL	KY	FL	
87	Butler, J. Donnelly	head	46	TN	TN	TN	rfd mail carrier
	Butler, Anna W.	wife	38	TN	VA	TN	lunch room mgr
	Butler, Sproles	son	19	TN	TN	TN	publicschoolteacher
88	Howard, John W.	head	50	NY	NY	NY	construction hwy dpt
	Howard, Anna B.	wife	40	MO	NY	MO	
89	Goodwin, Lem L.	head	63	TN	TN	TN	retail merchant
	Goodwin, Mae L.	wife	45	TN	TN	TN	
	Goodwin, Christine	daughter	23	TN	TN	TN	gen store saleslady
	Goodwin, Helen	daughter	19	TN	TN	TN	
90	Jones, John F.	head	51	TN	TN	TN	insurance agent
	Jones, Carrie	wife	47	TN	TN	TN	cosmetic agent
91	Ramsey, James B.	head	24	TN	NC	TN	mechanic
	Ramsey, Marie	wife	21	TN	TN	TN	
	Ramsey, Bonnie	daughter	3	TN	TN	TN	
	Ramsey, James B. Jr.	son	1	TN	TN	TN	
	Stout, Gertrude	servant	26	TN	TN	TN	servant
92	Ramsey, James A. Sr.	head	65	NC	NC	US	retail merchant
	Ramsey, Bettie	wife	58	TN	TN	TN	hotel manager
	Ramsey, Hubert	son	21	TN	TN	TN	taxi chauffer
	Ramsey, Earl	son	19	TN	TN	TN	gen store salesman
	Gambill, Ira M.	boarder	35	TN	TN	TN	physician
	Karl, Robert U.	boarder	55	NC	NC	NC	foreman hwy dept
	Palmatike, Wilson W.	boarder	65	MI	NY	NY	foreman furniture ft
	Palmatike, Christeen	boarder	49	MO	SW	SW	
93	DeVault, Bess	head (wd)	39	TN	TN	TN	high school teacher
	DeVault, Robert M. Jr.	son	14	TN	TN	TN	
	DeVault, Dorothy	daughter	12	TN	TN	TN	
	DeVault, Doris	daughter	12	TN	TN	TN	
	DeVault, Leonard	son	10	TN	TN	TN	
	DeVault, Edwin	son	8	TN	TN	TN	
94	Peters, George W.	head	61	PA	CT	CT	lumber dealer
	Peters, Louise	wife	57	NY	NY	NY	
	Peters, Mary	daughter	18	TN	PA	NY	
	Peters, Ruth	daughter	17	TN	PA	NY	
	Peters, Donald	son	29	IL	PA	NY	lumberman
95	Wessels, Walter B.	head	45	MD	VA	PA	train operator lmbr
	Wessels, Elizabeth R.	wife	43	MD	MD	MD	publicschoolteacher
	Wessels, Katherine	daughter	18	MD	MD	MD	
	Wessels, W. Kimberly	son	16	MD	MD	MD	
96	Smith, Lona	head	45	TN	TN	TN	mgr telephone co
	Coffee, Stewart	son in law	22	NC	NC	NC	clerk lumber mill
	Coffee, Pauline	daughter	21	TN	TN	TN	

Family #	Name	Relation	Age	I	F	M	Occupation
97	Green, Joseph W.	head	86	NC	NC	NC	
	Green, Flora A.	wife	53	NC	NC	NC	
	Cochran, Sarah J.	motherinlaw	77	NC	NC	NC	
98	Smalling, Robert C.	head	36	TN	TN	TN	sawfiler lbr mill
	Smalling, Vera	wife	31	TN	TN	TN	
99	Kite, Nannie	head	60	NC	NC	NC	servant
	Thompson, Erma	daughter	24	TN	NC	TN	
100	Neatherly, Smith	head	40	TN	TN	TN	flagman railroad
	Neatherly, Ethel	wife	44	TN	TN	TN	
	Neatherly, Ruby	daughter	18	TN	TN	TN	
	Neatherly, Georgia	daughter	14	TN	TN	TN	
	Neatherly, Helen	daughter	10	TN	TN	TN	
101	Weaver, Hiram L.	head	63	NC	NC	NC	collector jp
	Weaver, Sallie J.	wife	60	NC	NC	NC	
	Weaver, Bynum	son	34	NC	NC	NC	
	Weaver, Smith	son	26	NC	NC	NC	gen store salesman
	Weaver, Grady	son	22	NC	NC	NC	
	Weaver. Homer	son	20	NC	NC	NC	gen store salesman
	Weaver, Teddy	son	18	NC	NC	NC	gen store salesman
	Weaver, Mattie	dau in law	26	NC	NC	NC	
	Weaver, Dorthy G.	grdaughter	1	TN	NC	NC	
102	Leonard, Fannie	head	44	TN	TN	TN	
	Leonard, Rose	daughter	26	TN	TN	TN	
	Leonard, Inez	daughter	24	TN	TN	TN	
	Leonard, Nellie	daughter	20	TN	TN	TN	
	Leonard, Joe D.	grson	7	TN	TN	TN	
	Leonard, Mack	grson	4	OH	TN	TN	
	Leonard, Ilean	grdaughter	3	TN	TN	TN	
103	Bradley, Cyrus A.	head	68	TN	TN	US	
	Bradley, Sarah	wife	56	TN	TN	TN	
104	Elliott, Peter B.	head	57	TN	TN	TN	laborer odd jobs
	Elliott, Lillie O.	wife	52	TN	TN	TN	
105	Slimp, Arthur L	head	39	TN	TN	TN	produce truck driver
	Slimp, Lula	wife	39	TN	TN	TN	
	Slimp, Isabella	daughter	20	TN	TN	TN	
	Slimp, Gordon	son	18	TN	TN	TN	
	Bowman, Eva S.	motherinlaw	79	TN	TN	TN	
106	VonCannon, Alvin D.	head	50	TN	NC	TN	laborer furniture fct
	VonCannon, Mollie	wife	46	TN	TN	TN	
	VonCannon, Polly	daughter	22	TN	TN	TN	publicschoolteacher
	VonCannon, Virginia	daughter	20	TN	TN	TN	
	VonCannon, Joseph	son	15	TN	TN	TN	
	VonCannon, Marie	daughter	12	TN	TN	TN	

Family #	Name	Relation	Age	I	F	M	Occupation
	VonCannon, Anna L.	daughter	10	TN	TN	TN	
107	Tucker, Herbert S.	head	47	TN	TN	TN	sawyer lumber mill
	Tucker, Matilda	wife	45	TN	TN	TN	
	Tucker, Charles	son	21	TN	TN	TN	laborer odd jobs
	Tucker, Troy D.	son	19	TN	TN	TN	truck driver rd const
	Tucker, Elbert	son	16	TN	TN	TN	
	Tucker, Warren	son	14	TN	TN	TN	
	Tucker, Ellis	son	11	TN	TN	TN	
	Tucker, Louise	daughter	9	TN	TN	TN	
	Tucker, Florence	daughter	3	TN	TN	TN	
108	Greenwell, Sandy A.	head	37	TN	TN	TN	town postmaster
	Greenwell, Ethel	wife	34	TN	TN	TN	
	Greenwell, Sandy A. Jr.	son	8	TN	TN	TN	
	Greenwell, Haynes	son	6	TN	TN	TN	
	Greenwell, Janet	daughter	2	TN	TN	TN	
	Greenwell, Anna P.	daughter	0	TN	TN	TN	
109	Black, Edward	head	24	TN	TN	TN	laborer odd jobs
	Black, Lockie	wife	26	TN	NC	NC	
	Pilkington, Lacy	step son	7	TN	TN	TN	
	Pilkington, Homer	step son	3	TN	TN	TN	
	Black, Eula L.	daughter	0	TN	TN	TN	
	Pilkington, Enoch P.	fatherinlaw	70	NC	NC	NC	
110	Woodring, Marion	head	50	NC	NC	NC	laborer lumber mill
	Woodring, Fannie	wife	54	NC	NC	NC	
	Woodring, Laura	daughter	17	NC	NC	NC	
	Woodring, Carl	son	12	NC	NC	NC	
	Woodring, Clint	son	10	NC	NC	NC	
111	Phillips, Handy	head	30	NC	NC	NC	carpenter
	Phillips, Mae	wife	29	NC	NC	NC	
	Phillips, George	brother	32	NC	NC	NC	carpenter
112	Pierce, Wm. Joseph	head	60	TN	TN	TN	bank cashier
	Pierce, Cora A.	wife	56	TN	TN	TN	
	Woodring, Glenna	servant	25	NC	NC	NC	servant
113	Tester, Carl	head	27	NC	NC	NC	laborer odd jobs
	Tester, Jennie	wife	25	NC	NC	NC	
	Tester, Homer	son	7	TN	NC	NC	
114	Coffee, Vance	head	35	NC	NC	NC	foreman lumber mill
	Coffee, Jennie	wife	31	NC	NC	NC	
	Coffee, Winnie	daughter	12	NC	NC	NC	
	Coffee, Rome	son	10	NC	NC	NC	
	Coffee, Vance Jr.	son	9	NC	NC	NC	
	Coffee, Nell	daughter	3	NC	NC	NC	
	Coffee, William	son	1	TN	NC	NC	
115	Carriger, Eliza	head	69	TN	TN	TN	farm manager

Family #	Name	Relation	Age	I	F	M	Occupation
	Carriger, Ethel	niece	34	TN	TN	TN	
	Walker, George	nephew	42	TN	TN	TN	electrician
	Hackney, James G.	boarder	44	KY	KY	KY	supt lumber mill
	Hackney, Margaret P.	boarder	38	TN	TN	TN	
	Shell, James A.	boarder	59	TN	TN	TN	carpenter lmbr mill
	Shell, Virginia	boarder	59	TN	TN	TN	
	Shell, Fred	boarder	35	TN	TN	TN	carpenter lmbr mill
	Fox, Clifton	boarder	50	PA	US	US	sawyer lumber mill
	Heaton, Bert	boarder	38	TN	TN	TN	carpenter lmbr mill
116	Eggers, Lawrence	head	30	TN	TN	TN	laborer farm
	Eggers, Etta	wife	25	TN	TN	TN	
	Eggers, Wayne	son	8	TN	TN	TN	
	Eggers, Thelma	daughter	6	TN	TN	TN	
	Eggers, Homer	son	3	TN	TN	TN	
117	Dugger, W. Duff	head	27	TN	TN	TN	rfd mail carrier
	Dugger, Mae	wife	28	TN	TN	TN	
	Dugger, Charles E.	son	0	TN	TN	TN	
118	Dugger, Jim B.	head	68	TN	TN	TN	farmer
	Dugger, Mary J.	wife	65	TN	TN	TN	
	Dugger, Ellen	daughter	39	TN	TN	TN	
	Dugger, Faye	grdaughter	13	TN	TN	TN	
	Dugger, Keneth	grson	8	TN	TN	TN	
	Dugger, Joseph D.	grson	8	VA	VA	TN	
	Dugger, James Lee	grson	6	VA	VA	TN	
119	Johnson, Luther	head	50	NC	NC	NC	engineer lumber mill
	Johnson, Ida	wife	45	NC	NC	NC	
	Johnson, Oscar	son	25	NC	NC	NC	laborer lumber mill
	Johnson, Clyde	son	21	NC	NC	NC	mechanic
	Johnson, Ronald	son	15	NC	NC	NC	
	Johnson, Robert	son	9	NC	NC	NC	
	Johnson, Howard	son	7	NC	NC	NC	
	Johnson, Paul	son	6	NC	NC	NC	
	Johnson, Katy	dau in law	21	NC	NC	NC	
	Johnson, Margaret	grdaughter	1	NC	NC	NC	
	Johnson, Violet	grdaughter	4	NC	NC	NC	
	Johnson, Ruby	dau in law	16	NC	NC	NC	
	Johnson, Jack	grson	0	NC	NC	NC	
120	Turbyfield, Gernie	head	34	NC	NC	NC	laborer furniture fct
	Turbyfield, Cora	wife	29	NC	NC	NC	
121	Keller, Millard F.	head	50	NC	NC	NC	laborer odd jobs
	Keller, Alice	wife	49	NC	NC	NC	
	Keller, Harvy	son	19	NC	NC	NC	laborer odd jobs
	Keller, Dorothy	daughter	10	NC	NC	NC	
	Eggers, Eliza	motherinlaw	73	NC	NC	NC	

Family #	Name	Relation	Age	I	F	M	Occupation
122	Coffee, Fred	head	27	NC	NC	NC	foreman lmbr mill
	Coffee, Jimme	wife	21	NC	NC	NC	
	Coffee, Muriel	daughter	2	NC	NC	NC	
	Coffee, James	son	0	TN	NC	NC	
123	Smith, J. Grayson	head	63	TN	US	TN	
	Smith, Ettie	wife	59	TN	TN	TN	
	Smith, Harry	son	24	TN	TN	TN	laborer rubber fctory
	Smith, Mary	daughter	19	TN	TN	TN	
	Smith, Bobby Ray	grson	0	TN	TN	TN	
124	Stout, Kyle	head	22	TN	TN	TN	barber
	Stout, Gladys Morley	wife	21	TN	TN	TN	
	Ray, Jim	boarder	30	NC	US	US	insurance agent
125	Clawson, Rebecca	head (wd)	44	TN	TN	TN	
	Norris, Lillie	daughter	23	TN	TN	TN	
	Norris, J. Cleveland	grson	5	TN	TN	TN	
	Norris, Earl Jr.	grson	2	TN	TN	TN	
	Smith, Solmon	brother	70	TN	TN	TN	
	Smith, Evaline	sisterinlaw	75	NC	NC	NC	
126	Neatherly, Oliver	head	43	TN	TN	TN	asst agent railroad
	Neatherly, Ethel	wife	36	TN	TN	TN	
	Neatherly, Crete	daughter	19	TN	TN	TN	
	Neatherly, French	son	13	TN	TN	TN	
	Neatherly, Forrest	son	7	TN	TN	TN	
127	Smith, Robert L.	head	19	TN	TN	TN	telephone lineman
	Smith, Eula	wife	23	TN	TN	TN	
	Reece, Inez	roomer	30	TN	TN	TN	postal clerk
128	McQueen, Jim M.	head	67	TN	TN	TN	
	McQueen, Alice	wife	68	TN	TN	TN	
	McQueen, S.Guy	son	23	TN	TN	TN	lmbr truck driver
	McQueen,NealyDishman	dau in law	22	TN	TN	TN	
	McQueen, Mary A.	grdaughter	2	TN	TN	TN	
	McQueen, Ramona	grdaughter	0	TN	TN	TN	
129	Shoun, Hugh B.	head	50	TN	TN	TN	carpenter
	Shoun, Selma	wife	47	TN	TN	TN	
	Shoun, Eylene	daughter	19	TN	TN	TN	
	Shoun, Emil	son	16	TN	TN	TN	
	Shoun, Elmer	son	11	TN	TN	TN	
130	Stout, Joe N.	head	55	TN	TN	TN	laborer odd jobs
	Stout, Loretta	wife	54	TN	TN	TN	
	Stout, Sallie	daughter	19	TN	TN	TN	
	Stout, Wylie	son	18	TN	TN	TN	mail carrier
	Stout, Parker	son	15	TN	TN	TN	laborer odd jobs
	Stout, Opal	daughter	11	TN	TN	TN	
131	Stout, Donald G.	head	32	TN	TN	TN	shoe repairman

Family #	Name	Relation	Age	I	F	M	Occupation
	Stout, Stella	wife	31	TN	TN	TN	
	Stout, Fleenor	son	11	TN	TN	TN	
	Stout, Lacy	son	10	TN	TN	TN	
	Stout, Donald Jr.	son	8	TN	TN	TN	
	Stout, Juanita	daughter	4	TN	TN	TN	
	Stout, Billy	son	2	TN	TN	TN	
132	McCloud, James A.	head	56	TN	TN	TN	laborer farm
	McCloud, Rosa	wife	49	NC	NC	NC	
	McCloud, Elizabeth	daughter	23	TN	NC	TN	
	McCloud, Dryden	son	20	TN	NC	TN	
	McCloud, Elbert	son	17	TN	NC	TN	
	McCloud, James L.	son	11	TN	NC	TN	
133	Griffey, David	head	22	TN	NC	TN	laborer furniture fct
	Griffey, Ona	wife	20	TN	TN	TN	
	Griffey, Ray	son	1	TN	TN	TN	
	Griffey, George	father	64	NC	NC	NC	laborer furniture fct
	Johnson, Ruth	niece	18	TN	TN	TN	lunch room waitress
134	Vaught, John H.	head	65	TN	TN	TN	
	Vaught, Joseph C.	son	16	TN	TN	TN	
135	Slimp, John A.	head	64	TN	TN	TN	
	Slimp, Kate S.	wife	51	TN	TN	TN	
	Slimp, Vera B.	daughter	26	TN	TN	TN	publicschoolteacher
136	Snyder, Bettie	head (wd)	58	TN	TN	TN	
	Snyder, Elbert	son	33	TN	TN	TN	farmer
	Snyder, Burlie	daughter	29	TN	TN	TN	
137	Farthing, Thomas	head	59	NC	NC	NC	farmer
	Farthing, Zella	wife	54	NC	NC	NC	
	Farthing, Edna	daughter	25	NC	NC	NC	stnogpher lmbr mill
	Farthing, Abner	son	20	NC	NC	NC	farmer
	Farthins, Susan	daughter	16	NC	NC	NC	
	Farthing, Laura	daughter	9	NC	NC	NC	
138	Whitehead, Carson	head	44	TN	TN	TN	town policeman
	Whitehead, Abbie	wife	45	TN	TN	TN	laundress
	Whitehead, Clyde	son	18	TN	TN	TN	grocery store salesm
	Whitehead, Frank	son	17	TN	TN	TN	
	Whitehead, Dorothy	daughter	15	TN	TN	TN	
	Whitehead, Francis	daughter	12	TN	TN	TN	
	Whitehead, Christine	daughter	9	TN	TN	TN	
	Whitehead, Joseph D.	son	7	TN	TN	TN	
	Whitehead, Edward	son	4	TN	TN	TN	
	Whitehead, John C.	son	1	TN	TN	TN	
139	Burton, Ella	head (wd)	38	NC	NC	NC	washer woman
	Burton, Ola Mae	daughter	16	TN	NC	NC	
	Burton, Maude	daughter	14	TN	NC	NC	

Family #	Name	Relation	Age	I	F	M	Occupation
	Burton, Lucille	daughter	12	TN	NC	NC	
	Burton, Lois	daughter	10	TN	NC	NC	
140	Cable, T. Lee	head	37	TN	TN	TN	laborer farm
	Cable, Mamie	wife	34	TN	TN	TN	
	Cable, Anna L.	daughter	11	TN	TN	TN	
	Cable, Wallace	son	9	TN	TN	TN	
	Cable, Olivena	daughter	7	TN	TN	TN	
	Cable, J. C.	son	5	TN	TN	TN	
	Cable, Dallas	son	3	TN	TN	TN	
	Cable, Loyd (Hoover)	son	1	TN	TN	TN	
141	Evans, Rebecca L.	head	48	NC	NC	NC	farmer
	Evans, Cloise	daughter	14	TN	NC	NC	
	Evans, Sam S. Jr.	son	11	TN	NC	NC	
	Evans, James L.	son	4	TN	NC	NC	
142	Griffey, Dalton	head	30	TN	NC	TN	farmer
	Griffey, Eddie	wife	25	TN	TN	TN	
	Griffey, Kathleen	daughter	5	TN	TN	TN	
	Griffey, Margie N.	daughter	2	TN	TN	TN	
	Laws, James S.	boarder	75	TN	TN	TN	
143	Markland, Jim	head	57	TN	TN	TN	
	Markland, Dove	wife	29	TN	TN	TN	
	Markland, Pearl	daughter	25	TN	TN	TN	
	Markland, Orvel	son	12	TN	TN	TN	
	Markland, Paul	daughter	6	TN	TN	TN	
	Markland, Bearl	son	4	TN	TN	TN	
	Markland, Annie	daughter	0	TN	TN	TN	
144	Ritchie, Robert H.	head	54	TN	TN	TN	foreman railroad
	Ritchie, Lula A.	wife	40	TN	TN	TN	hotel manager
	Ritchie, Harry	son	20	TN	TN	TN	laborer hwy const
	Ritchie, Helen	daughter	15	TN	TN	TN	
	Ritchie, Zella	dau in law	22	TN	TN	TN	
	Ritchie, George	grson	0	TN	TN	TN	
	Whitehead, Mae	maid	21	TN	TN	TN	maid
	Banner, Joe L.	boarder	29	NC	NC	NC	civil engineer hwy
	Eslisa, Irene	boarder	22	NC	NC	NC	stenographer furn ft
	McDonnell, Edward S.	boarder	52	IN	IR	IR	lumberman lmbr ml
	Long, Joseph B.	boarder	49	NC	NC	NC	furniture fct supt
	Albert, Robert	boarder	30	VA	VA	VA	civil engineer hwy
	Albert, Kimberly	boarder	23	NC	NC	NC	
	Lipford, Belva A.	boarder	56	TN	TN	TN	coal dealer
	Lipford, Kermit	boarder	20	TN	TN	TN	laborer odd jobs
	Murphy, Mary A.	boarder	22	TN	TN	TN	publicschoolteacher
	Caldwell, Theodore	boarder	21	TN	VA	NC	laborer odd jobs
	Howell, James	boarder	25	TN	NC	TN	orchestra musician

Family #	Name	Relation	Age	I	F	M	Occupation
	Howell, Thomas	boarder	21	TN	NC	TN	laborer furniture fct
	Coulter, Nellie B.	boarder	26	TN	TN	TN	publicschoolteacher
	Bean, Sallie K.	boarder	50	TN	TN	TN	publicschoolteacher
	Merryman, Anna J.	boarder	28	IL	IL	ME	publicschoolteacher

Town of Butler enumeration ends here. Fifth District begins on next page.
Notes:

Family #	Name	Relation	Age	I	F	M	Occupation
5th District							
1	Moody, Frances Marion	head	86	NC	NC	NC	truck farmer
	Moody, Venie	wife	44	TN	TN	TN	
	Moody, Robert G.	son	19	TN	NC	TN	laborer truck farm
	Laws, Martha	niece	19	TN	TN	TN	
2	Garland, Cinda	head (wd)	59	TN	TN	TN	
	Arney, Joe	nephew	9	TN	TN	TN	
3	Smith, Susannah	head (wd)	49	TN	TN	TN	farmer
	Smith, Daniel	son	28	TN	TN	TN	laborer farm
	Smith, Jim	son	18	TN	TN	TN	laborer farm
	Smith, Kirby	son	16	TN	TN	TN	laborer farm
	Smith, Sarah	daughter	14	TN	TN	TN	
	Smith, Charley	son	12	TN	TN	TN	
	Smith, Ernest	son	10	TN	TN	TN	
	Smith, Curtis	son	8	TN	TN	TN	
	Smith, Mildred	daughter	5	TN	TN	TN	
4	Vaught, John M.(Cook)	head	65	TN	VA	TN	farmer
	Vaught, Willie	wife	35	NC	NC	NC	
	Vaught, Callie	daughter	11	TN	TN	NC	
	Vaught, Venie M.	daughter	9	TN	TN	NC	
	Vaught, Sallie	daughter	7	TN	TN	NC	
	Vaught, John L.	son	5	TN	TN	NC	
	Vaught, Desa	daughter	4	TN	TN	NC	
	Vaught, J. M.	son	2	TN	TN	NC	
	Vaught, Ellen	daughter	0	TN	TN	NC	
5	Matherly, Charles B.	head	52	TN	TN	TN	laborer farm
	Matherly, Danford	wife	36	TN	TN	TN	
	Matherly, Rebecca	sister	40	TN	TN	TN	
6	Grindstaff, Claude M.	head	35	TN	TN	TN	grocery merchant
	Grindstaff, Mabel	wife	23	NC	NC	NC	
	Grindstaff, Lucile	daughter	3	TN	TN	NC	
7	Fritts, George W.	head	28	TN	TN	TN	laborer railroad
	Fritts, May L.	wife	29	TN	TN	TN	
	Fritts, Dana	son	6	TN	TN	TN	
	Fritts, Mabel	daughter	3	TN	TN	TN	
8	Stout, Joe L.	head	58	TN	TN	TN	laborer farm
	Stout, Nancy	wife	58	TN	TN	TN	
	Stout, Johnnie	son	30	TN	TN	TN	laborer farm
	Stout, Alex	son	18	TN	TN	TN	laborer farm
9	Forrester, Oscar	head	45	TN	TN	TN	laborer farm
	Forrester, Ella	wife	38	TN	TN	TN	
	Forrester, Hubert	son	16	TN	TN	TN	laborer farm
	Forrester, Etta	daughter	13	TN	TN	TN	
	Forrester, Francis	daughter	12	TN	TN	TN	
	Forrester, R.D.	son	9	TN	TN	TN	

Family #	Name	Relation	Age	I	F	M	Occupation
	Forrester, J.C.	son	6	TN	TN	TN	
	Forrester, Denver	son	4	TN	TN	TN	
10	Cable, Andy Lafayette	head	40	TN	TN	TN	laborer farm
	Cable, Glen	son	21	TN	TN	TN	laborer wood yard
	Cable, Paul	son	19	TN	TN	TN	laborer wood yard
	Cable, Raymond	son	14	TN	TN	TN	
11	Grindstaff, George W.	head	58	TN	TN	TN	farmer
	Grindstaff, Laura	wife	56	TN	TN	TN	
	Grindstaff, Earl	son	19	TN	TN	TN	laborer railroad
	Grindstaff, Ray	son	15	TN	TN	TN	
12	Laws, Jacob	head	27	TN	TN	TN	laborer farm
	Laws, Ruby	wife	20	TN	TN	TN	
	Laws, J. D.	son	1	TN	TN	TN	
13	Grindstaff, William G.	head	62	TN	TN	TN	farmer
	Grindstaff, Louise C.	wife	68	TN	TN	TN	
	Campbell, Guy	grson	16	TN	TN	TN	
	Campbell, Laura	grdaughter	15	TN	TN	TN	
	Campbell, Lena	grdaughter	13	TN	TN	TN	
14	Grindstaff, Jessie	head	54	TN	TN	TN	farmer
	Grindstaff, Lisa	wife	47	TN	TN	TN	
	Arnold, Rachel	motherinlaw	85	TN	TN	TN	
15	Fenner, Clyde	head	36	TN	TN	TN	laborer railroad
	Fenner, Edna	wife	23	NC	NC	NC	
	Fenner, Ruth	daughter	7	NC	TN	NC	
	Fenner, Paul	son	5	NC	TN	NC	
	Fenner, Annie E.	daughter	3	TN	TN	NC	
	Fenner, Helen	daughter	1	TN	TN	NC	
	Fenner, Mary R.	daughter	0	TN	TN	NC	
	Farthing, Myrtle	motherinlaw	46	NC	NC	NC	
16	Campbell, Burson	head	36	TN	TN	TN	farmer
	Campbell, Arzonia	wife	37	TN	TN	TN	
	Campbell, Ena	daughter	9	TN	TN	TN	
	Campbell, R.D.	son	6	TN	TN	TN	
17	Grindstaff, Dan	head	71	TN	TN	TN	farmer
	Grindstaff, Sarah	wife	77	TN	TN	TN	
peated	Grindstaff, Frank	head	55	TN	TN	TN	farmer
	Grindstaff, Bessie	wife	50	VA	VA	VA	
	Grindstaff, Nettie	daughter	16	TN	TN	VA	
	Grindstaff, James	son	12	TN	TN	VA	
18	Pool, Conley	head	35	TN	TN	NC	laborer farm
	Pool, Hattie	wife	28	TN	TN	TN	
	Pool, Georgia M.	daughter	9	TN	TN	TN	
	Pool, Letha O.	daughter	8	TN	TN	TN	
	Pool, Nellie O.	daughter	6	TN	TN	TN	

Family #	Name	Relation	Age	I	F	M	Occupation
	Pool, C. D.	son	4	TN	TN	TN	
	Pool, Harry Lee	son	1	TN	TN	TN	
19	Grindstaff, Dudley B.	head	48	TN	TN	TN	farmer
	Grindstaff, Sarah	wife	44	TN	TN	TN	
	Grindstaff, Verna	daughter	16	TN	TN	TN	
	Grindstaff, Curtis B.	son	18	TN	TN	TN	
20	Fritts, Ezekial	head	55	TN	TN	TN	laborer farm
	Fritts, Jane	wife	58	TN	TN	TN	
21	Cable, Rinda	head (wd)	72	TN	TN	TN	
	Grindstaff, Hugh	son	28	TN	TN	TN	laborer farm
	Grindstaff, Hazel	dau in law	24	NC	NC	NC	
	Grindstaff, Jarvis	son	20	TN	TN	TN	
22	Courtner, Clyde	head	28	TN	TN	TN	laborer farm
	Courtner, Susie	wife	27	TN	TN	TN	
	Courtner, Walter	son	4	TN	TN	TN	
	Courtner, Loyd	son	4	TN	TN	TN	
	Courtner, Parlee	daughter	2	TN	TN	TN	
	Courtner, Violet	daughter	0	TN	TN	TN	
23	Poe, Susan	head (wd)	70	TN	TN	TN	farmer
	Poe, John W.	son	38	TN	TN	TN	laborer farm
	Poe, Loyd	son	30	TN	TN	TN	laborer farm
24	Laws, William	head	55	TN	TN	TN	farmer
	Laws, Sallie	wife	64	TN	TN	TN	
	Laws, Minnie	daughter	24	TN	TN	TN	
	Laws, Mollie	daughter	22	TN	TN	TN	
25	Dugger, Hunter	head	34	TN	TN	TN	farmer
	Dugger, Barbara	wife	36	NC	NC	NC	
	Dugger, Geneva	daughter	8	TN	TN	NC	
	Dugger, Truman	son	7	TN	TN	NC	
	Dugger, Kate	daughter	4	TN	TN	NC	
	Dugger, Rose	daughter	2	TN	TN	NC	
	Dugger, James E.	son	0	TN	TN	NC	
26	Fletcher, William	head	65	TN	NC	NC	laborer farm
	Fletcher, Matilda	wife	58	TN	NC	NC	
	Fletcher, Vertie	daughter	36	TN	TN	TN	
	Fletcher, Omar	grson	17	TN	TN	TN	
	Fletcher, Joe	grson	11	TN	TN	TN	
	Fletcher, Bleatia	grdaughter	8	TN	TN	TN	
	Fletcher, Ople	grdaughter	3	TN	TN	TN	
27	Clark, Clarence	head	25	TN	TN	TN	laborer farm
	Clark, Chelsie	wife	22	TN	TN	TN	
	Clark, R.J.	son	2	TN	TN	TN	
	Clark, Coy	son	0	TN	TN	TN	
28	Fletcher, Henry	head	34	TN	TN	TN	farmer

Family #	Name	Relation	Age	I	F	M	Occupation
	Fletcher, Belva	wife	26	TN	TN	TN	
	Fletcher, Maxine	daughter	9	TN	TN	TN	
	Fletcher, Annie	daughter	6	TN	TN	TN	
	Fletcher, Winnie	daughter	4	TN	TN	TN	
	Fletcher, Walter	son	1	TN	TN	TN	
29	Bradley, Rebecca	head (wd)	49	TN	TN	TN	farmer
	Bradley, Lester	son	21	TN	TN	TN	laborer farm
	Bradley, Ervin	son	18	TN	TN	TN	laborer farm
	Bradley, Bertie	daughter	15	TN	TN	TN	
30	Cardwell, James H.	head	39	NC	NC	NC	farmer
	Cardwell, Mary A.	wife	36	IA	NC	NC	
	Cardwell, Eugene	son	19	TN	NC	IA	laborer farm
	Cardwell, Ray	son	15	TN	NC	IA	
31	Fletcher, Ray	head	26	TN	TN	TN	laborer farm
	Fletcher, Bertha	wife	21	TN	TN	TN	
	Fletcher, Calvin Kyle	son	4	TN	TN	TN	
32	Kimberlin, Bert	head	19	TN	TN	TN	laborer railroad
	Kimberlin, Blanch	wife	15	NC	NC	NC	
33	Dickey, David C.	head	38	AL	TN	TN	farmer
	Dickey, Minnie C.	wife	25	NC	TN	NC	
	Dickey, Mary C.	daughter	5	TN	AL	NC	
34	Cardwell, Roscoe	head	30	NC	NC	IA	laborer farm
	Cardwell, Myrtle	wife	30	TN	TN	VA	
	Cardwell, Virginia	daughter	10	TN	NC	TN	
	Cardwell, J.T.	son	4	TN	NC	TN	
	Cardwell, Clo	son	2	TN	NC	TN	
35	Fletcher, James	head	41	VA	TN	VA	laborer farm
	Fletcher, Sarah	wife	36	TN	TN	TN	
	Fletcher, Gird	son	18	TN	VA	TN	
	Fletcher, Landon	son	14	TN	VA	TN	
	Fletcher, Gertie	daughter	12	TN	VA	TN	
	Fletcher, Won	son	8	TN	VA	TN	
	Fletcher, Dallas	son	6	TN	VA	TN	
	Fletcher, Donald	son	3	TN	VA	TN	
36	Morley, Charlie	head	52	TN	TN	TN	farmer
	Morley, Naomi	wife	49	TN	TN	TN	
	Morley, Callie	daughter	16	TN	TN	TN	
	Morley, Dortha	daughter	13	TN	TN	TN	
	Morley, D.C.	son	10	TN	TN	TN	
	Morley, James	son	7	TN	TN	TN	
	Morley, Eula	daughter	4	TN	TN	TN	
37	Young, Sherman	head	22	TN	TN	TN	laborer farm
	Young, Mary	wife	19	TN	TN	TN	
38	Morley, Dana	head (wd)	28	TN	TN	TN	farmer

Family #	Name	Relation	Age	I	F	M	Occupation
	Morley, Lafayette	son	5	TN	TN	TN	
	Morley, Wayne	son	3	TN	TN	TN	
	Morley, Pearl	daughter	1	TN	TN	TN	
39	Laws, James G.	head	33	TN	TN	TN	farmer
	Laws, Georgia M.	wife	32	TN	TN	TN	
	Laws, Beulah	daughter	11	TN	TN	TN	
	Laws, Pauline	daughter	10	TN	TN	TN	
	Laws, Smith	son	9	TN	TN	TN	
	Laws, Francis	daughter	7	TN	TN	TN	
	Laws, Irene	daughter	5	TN	TN	TN	
	Laws, Earl	son	3	TN	TN	TN	
	Laws, Blaine	son	1	TN	TN	TN	
	Laws, Wayne	son	1	TN	TN	TN	
	Laws, Celia	mother (wd)	58	TN	TN	TN	
40	Danner, David	head	65	NC	NC	NC	laborer farm
	Danner, Tina	wife	48	TN	TN	TN	
	Danner, Ralph	son	19	TN	NC	NC	laborer farm
	Danner, Reyna	daughter	25	NC	NC	NC	
	Danner, Ruby	daughter	19	TN	NC	NC	
	Danner, Ray	son	21	TN	NC	NC	laborer farm
	Danner, Ruth	daughter	13	TN	NC	NC	
	Danner, Rena	daughter	16	TN	NC	NC	
	Danner, Edith	grdaughter	6	TN	NC	TN	
	Danner, Rosa	daughter	5	TN	NC	NC	
41	Bradley, Wiley (W.T.)	head	39	TN	TN	TN	farmer
	Bradley, Bertie	wife	43	TN	TN	TN	
	Bradley, Ketha(Goose)	son	19	TN	TN	TN	laborer farm
	Bradley, Norvin(Nub)	son	17	TN	TN	TN	laborer farm
	Bradley, Rosalee	daughter	4	TN	TN	TN	
42	Grindstaff, Stacy	head	31	TN	TN	TN	farmer
	Grindstaff, Maggie	wife	33	TN	TN	TN	
	Grindstaff, Berlin	daughter	13	TN	TN	TN	
	Grindstaff, Nova Lee	daughter	10	TN	TN	TN	
	Grindstaff, Francis	daughter	6	TN	TN	TN	
43	Forrester,WmElbert(Doc)	head	36	TN	TN	TN	farmer/veternarian
	Forrester, Texie	wife	30	TN	TN	TN	
	Forrester, Lena	daughter	4	TN	TN	TN	
	Forrester, Dexter	son	3	TN	TN	TN	
	Forrester, MaryLorene	daughter	1	TN	TN	TN	
44	Grindstaff, George	head	56	TN	TN	TN	truck farmer
	Grindstaff, Emma	wife	58	TN	TN	TN	
	Grindstaff, Ticia	daughter	18	TN	TN	TN	
	Grindstaff, Eugene	son	16	TN	TN	TN	
45	Grindstaff, James	head	31	NC	TN	TN	truck farmer

Family #	Name	Relation	Age	I	F	M	Occupation
	Grindstaff, Lucinda	wife	23	TN	TN	TN	
	Grindstaff, Mary Emily	daughter	3	TN	TN	TN	
	Grindstaff, Florian	son	1	TN	TN	TN	
46	Grindstaff, Robert	hed	33	TN	TN	TN	merchant gen store
	Grindstaff, Leta	wife	23	TN	TN	TN	
	Grindstaff, Dora	daughter	7	TN	TN	TN	
	Grindstaff, Kyle	son	5	TN	TN	TN	
	Grindstaff, Jewel	daughter	3	TN	TN	TN	
	Grindstaff, Justin (Bud)	son	0	TN	TN	TN	
47	Vaught, Ree	head	33	TN	TN	TN	laborer farm
	Vaught, Nellie	wife	29	TN	TN	TN	
	Vaught, Robert	son	11	TN	TN	TN	
	Vaught, Dessie	son	9	TN	TN	TN	
	Vaught, Jennie B.	daughter	8	TN	TN	TN	
	Vaught, Annie	daughter	3	TN	TN	TN	
	Vaught, Lillie	daughter	1	TN	TN	TN	
48	Vaught, David	head	65	TN	TN	TN	laborer farm
49	Fletcher, Ora	head	43	TN	TN	TN	laborer farm
	Fletcher, Rebecca	wife	44	TN	TN	TN	
	Fletcher, Otha	son	17	TN	TN	TN	
50	Blackburn, Hill	head	31	NC	NC	TN	farmer
	Blackburn, Pearl	wife	30	TN	TN	TN	
	Blackburn, Chloe	daughter	10	TN	NC	TN	
	Blackburn, Fred	son	9	TN	NC	TN	
	Blackburn, Marie	daughter	7	TN	NC	TN	
	Blackburn, Mary Odell	daughter	5	TN	NC	TN	
	Blackburn, Paul	son	3	TN	NC	TN	
	Blackburn, Stuart	son	1	TN	NC	TN	
	Blackburn, Silas	father	71	NC	NC	NC	
	Blackburn, Mary	mother	66	TN	TN	NC	
51	Cable, Lona Forrester	head	47	TN	TN	TN	laborer farm
	Cable, Wm. L. (Fate)	son	5	TN	TN	TN	
	Forrester, Samuel	father	76	TN	TN	TN	
	Forrester, Amanda	mother	75	TN	TN	TN	
52	Laws, James J.	head	45	TN	TN	TN	farmer
	Laws, Clara	wife	40	TN	TN	TN	
	Laws, Clyde	son	19	TN	TN	TN	laborer railroad
	Laws, Arvil	son	17	TN	TN	TN	laborer farm
	Laws, Vernice	daughter	11	TN	TN	TN	
	Laws, Ivalee	daughter	9	TN	TN	TN	
	Laws, Fred	son	6	TN	TN	TN	
53	Wagner, Fate	head	71	TN	TN	TN	farmer
	Wagner, Nancy	wife	68	TN	TN	TN	
54	Potter, Bill F.	head	45	TN	TN	TN	farmer

Family #	Name	Relation	Age	I	F	M	Occupation
	Potter, Annie	wife	35	TN	TN	TN	
	Potter, Barnette	son	16	TN	TN	TN	laborer farm
	Potter, Ruby	daughter	12	TN	TN	TN	
	Potter, Denice	daughter	9	TN	TN	TN	
	Potter, Mae	daughter	7	TN	TN	TN	
	Potter, Dorse	daughter	4	TN	TN	TN	
55	Cable, James P.(Rod)	head	38	TN	TN	TN	farmer
	Cable, Nancy	wife	36	TN	TN	TN	
	Cable, Bertie	daughter	14	TN	TN	TN	
	Cable, Fannie	daughter	12	TN	TN	TN	
	Cable, G.D. (Jim)	son	3	TN	TN	TN	
56	Grindstaff, Wheler	head	24	TN	TN	TN	laborer railroad
	Grindstaff, Grace	wife	22	TN	TN	TN	
	Grindstaff, Pansy	daughter	3	TN	TN	TN	
	Grindstaff, Dean	son	1	TN	TN	TN	
	Church, Georgia	sister in law	13	TN	TN	TN	
57	Grindstaff, Thomas	head	60	TN	TN	TN	farmer
	Grindstaff, Mary J.	wife	60	TN	TN	TN	
	Grindstaff, Nick	son	30	TN	TN	TN	laborer farm
	Grindstaff, Pollie K.	daughter	22	TN	TN	TN	
58	Grindstaff, Hugh M.	head	25	TN	TN	TN	laborer farm
	Grindstaff, Arlie	wife	30	TN	TN	TN	
	Grindstaff, T.J.	son	6	TN	TN	TN	
	Grindstaff, Mary J.	daughter	2	TN	TN	TN	
	Grindstaff, Marquita	daughter	0	TN	TN	TN	
59	Kimberlin, Jessie (Ad)	head	49	NC	IN	NC	farmer
	Kimberlin, Sarah(Ettie)	wife	41	TN	TN	TN	
	Kimberlin, Clifford	son	16	TN	NC	TN	
	Kimberlin, Zola	daughter	13	TN	NC	TN	
	Kimberlin, Lena Mae	daughter	10	TN	NC	TN	
	Kimberlin, Ralph	son	5	TN	NC	TN	
	Kimberlin, Clyde	son	2	TN	NC	TN	
60	Holloway, Martin L.	head	55	VA	VA	TN	farmer
	Holloway, Lillie	wife	44	TN	TN	TN	
	Holloway, Dan	son	17	TN	TN	VA	laborer farm
	Holloway, Robert	son	14	TN	TN	VA	
	Reed, Ruth	grdaughter	3	TN	TN	TN	
61	Grindstaff, Dan J.	head	37	TN	TN	TN	farmer
	Grindstaff, Ada	wife	33	TN	TN	TN	
	Grindstaff, Myrtle	daughter	14	TN	TN	TN	
	Grindstaff, Lena	daughter	11	TN	TN	TN	
	Grindstaff, Leta	daughter	8	TN	TN	TN	
	Grindstaff, Thomas	son	6	TN	TN	TN	
	Grindstaff, Edward	son	2	TN	TN	TN	

Family #	Name	Relation	Age	I	F	M	Occupation
62	Perkins, Robert	head	33	NC	NC	NC	farmer
	Perkins, Ester	wife	27	TN	TN	TN	
	Perkins, Cleo	daughter	8	TN	NC	TN	
	Perkins, Elbert F.	son	7	TN	NC	TN	
	Perkins, Nell	daughter	5	TN	NC	TN	
	Perkins, Robert Jr.	son	3	TN	NC	TN	
	Perkins, Ernest	son	2	TN	NC	TN	
	Perkins, Mary	mother (wd)	52	TN	NC	TN	
63	Jewett, Frank	head	28	TN	TN	TN	farmer
	Jewett, Alice	wife	18	TN	TN	TN	
64	Perkins, Clint	head	27	NC	NC	NC	farmer
	Perkins, Pearl	wife	19	NC	NC	NC	
	Perkins. C. L.	son	0	TN	NC	NC	
65	Tanner, Lydia	head (wd)	45	TN	TN	TN	laborer farm
	Tanner, Addie	daughter	21	TN	TN	TN	publicschoolteacher
66	Grindstaff, Isaac	head	61	TN	TN	TN	farmer
	Grindstaff, Martha	wife	58	TN	TN	TN	
	Keller, George	son in law	20	TN	TN	TN	laborer farm
	Keller, Ester	daughter	18	TN	TN	TN	
67	Osborne, Charley	head	46	TN	TN	TN	laborer farm
	Osborne, Ticia	wife	26	TN	TN	TN	
	Grindstaff, Donald	step son	9	TN	TN	TN	
68	Brewer, Alex	head	59	TN	TN	TN	farmer
	Brewer, Susan	wife	62	TN	TN	TN	
	Brewer, Nellie	daughter	39	TN	TN	TN	
	Brewer, Corsie	daughter	20	TN	TN	TN	
69	Brewer, James	head	40	TN	TN	TN	farmer
	Brewer, Myrtle	wife	31	NC	NC	TN	
	Brewer, Ruby	daughter	10	TN	TN	NC	
	Brewer, Billy	son	6	TN	TN	NC	
	Brewer, Claude	son	4	TN	TN	NC	
	Ellison, Robert	nephew	14	VA	KY	NC	
70	Ward, Tapley	head	64	TN	TN	TN	farmer
	Ward, Ollie	wife	57	TN	TN	TN	
	Ward, Nola	daughter	29	TN	TN	TN	
	Ward, Robert	son	25	TN	TN	TN	
	Ward, Elsie	daughter	21	TN	TN	TN	
71	Fritts, Wilburn	head	53	TN	TN	TN	farmer
	Fritts, Callie	wife	47	TN	TN	TN	
	Fritts, Paul	son	22	TN	TN	TN	laborer saw mill
	Fritts, Edward	son	15	TN	TN	TN	laborer farm
	Fritts, Leona	daughter	13	TN	TN	TN	
	Fritts, Joe D.	son	10	TN	TN	TN	
	Fritts, Ray	son	8	TN	TN	TN	

Family #	Name	Relation	Age	I	F	M	Occupation
	Fritts, Pansy	daughter	2	TN	TN	TN	
72	Slack, George P.	head	47	WA	IN	OH	farmer
	Slack, Callie	wife	40	TN	TN	TN	
	Slack, Archie	step son	18	TN	TN	TN	publicschoolteacher
	Slack, Grace	daughter	14	TN	TN	TN	
73	Slimp, James	head	70	TN	TN	TN	farmer
	Slimp, Delia	wife	66	TN	TN	TN	
74	Stout, John M.	head	60	TN	TN	TN	farmer
	Stout, Minnie	wife	54	TN	TN	TN	
	Stout, Bessie	daughter	20	TN	TN	TN	
	Stout, Willie	son	17	TN	TN	TN	laborer farm
	Stout, Bob	son	15	TN	TN	TN	
	Stout, Carrie	daughter	12	TN	TN	TN	
	Stout, Dana	son	7	TN	TN	TN	
75	Stout, Rettie	head	70	TN	TN	TN	farmer
repeat 75	Hicks, William	head	41	NC	NC	NC	farmer
	Hicks, Fronia	wife	39	TN	TN	TN	
	Wilson, Mary A.	motherinlaw	67	TN	TN	TN	
76	Hodge, Dallas	head	24	NC	NC	TN	laborer farm
	Hodge, Elizabeth	wife	27	TN	TN	TN	
	Hodge, Mack	son	5	TN	NC	TN	
	Hodge, Olden	son	3	TN	NC	TN	
	Hodge, J. T.	son	1	TN	NC	TN	
77	Smith, Nicholas	head	25	TN	TN	TN	laborer farm
	Smith, Crissie E.	wife	18	TN	TN	TN	
	Smith, Ruth	daughter	0	TN	TN	TN	
	Grindstaff, Carl	brotherinlaw	12	TN	TN	TN	
78	Proffitt, Jady	head	66	TN	TN	TN	physician
	Proffitt, Mollie	wife	42	TN	TN	TN	
	Proffitt, Sammie	son	15	TN	TN	TN	
	Proffitt, Lena Jane	daughter	12	TN	TN	TN	
	Proffitt, Parlee	daughter	10	TN	TN	TN	
	Proffitt, John H.	son	3	TN	TN	TN	
	Phipps, Lena	sister (wd)	70	TN	TN	TN	
79	Proffitt, Joe	head	40	TN	TN	TN	laborer farm
	Proffitt, Pearl	wife	38	NC	NC	NC	
	Proffitt, Arvil	son	20	TN	TN	NC	laborer farm
	Proffitt, Bruce	son	16	TN	TN	NC	laborer farm
	Proffitt, Beulah	daughter	14	TN	TN	NC	
	Proffitt, Ogle	son	3	TN	TN	NC	
80	Stout, Thomas J.	head	60	NC	NC	NC	farmer
	Stout, Nancy	wife	63	TN	TN	TN	
	Potter, Elmer T.	grson	16	TN	TN	TN	
	Potter, Forest D.	grson	13	TN	TN	TN	

Family #	Name	Relation	Age	I	F	M	Occupation
81	Grindstaff, Joseph	head	65	TN	TN	TN	farmer
	Grindstaff, Katherine	wife	55	TN	TN	TN	
82	Simcox, Stanley	head	37	TN	VA	NC	farmer
	Simcox, Cleo	wife	33	TN	TN	TN	
	Simcox, S.M. Jr.	son	12	TN	TN	TN	
	Simcox, Laverne	son	10	TN	TN	TN	
	Simcox, Joyce	daughter	13	TN	TN	TN	
	Simcox, Mary	daughter	1	TN	TN	TN	
	Simcox, Offie	father	79	VA	VA	VA	
82	Stout, Wiley	head	30	TN	TN	TN	farmer
	Stout, Hazel	wife	22	TN	TN	TN	
	Stout, Ruth	daughter	2	TN	TN	TN	
	Stout, Paul	son	0	TN	TN	TN	
83	Milhorn, William	head	51	TN	TN	TN	farmer
	Milhorn, Sarah E.	wife	50	TN	TN	TN	
repeat 83	Rainbolt, Alvin	head	51	TN	TN	TN	laborer farm
	Rainbolt, Lillie	wife	46	TN	TN	TN	
	Rainbolt, Dugger	son	23	TN	TN	TN	sawyer lumber mill
	Rainbolt, Filmore	son	19	TN	TN	TN	laborer lumber mill
	Rainbolt, Clyde	son	15	TN	TN	TN	
	Rainbolt, Lottie M.	daughter	13	TN	TN	TN	
	Rainbolt, McKinley	son	10	TN	TN	TN	
	Rainbolt, Bettie J.	daughter	6	TN	TN	TN	
84	Wilson, Jessie	head	35	TN	TN	TN	farmer
	Wilson, Josie	wife	29	TN	TN	TN	
	Wilson, Robert	son	13	TN	TN	TN	
	Wilson, Wayne	son	11	TN	TN	TN	
	Wilson, Ray	son	2	TN	TN	TN	
85	Stout, Daniel	head	40	TN	TN	TN	farmer
	Stout, Lona	wife	38	TN	TN	TN	
	Stout, Verna	daughter	17	TN	TN	TN	
	Stout, Buelah	daughter	15	TN	TN	TN	
	Stout, Raymond	son	12	TN	TN	TN	
	Stout, Mae	daughter	10	TN	TN	TN	
	Stout, Ernest	son	8	TN	TN	TN	
86	Griffey, Walter	head	39	TN	TN	TN	farmer
	Griffey, Ettie	wife	40	TN	TN	TN	
	Griffey, Ruby	daughter	15	TN	TN	TN	
	Griffey, Chasteen	daughter	12	TN	TN	TN	
	Griffey, Haskel	son	9	TN	TN	TN	
	Griffey, Georgie L.	daughter	4	TN	TN	TN	
87	Peters, Robert	head (wd)	65	TN	TN	TN	farmer
	Peters, Hubert	son	25	TN	TN	TN	laborer farm
	Peters, Willard	son	21	TN	TN	TN	fireman furn factory

Family #	Name	Relation	Age	I	F	M	Occupation
	Peters, Hazel	daughter	19	TN	TN	TN	
	Peters, Clyde	son	16	TN	TN	TN	laborer lumber mill
88	Proffitt, Thomas	head	77	TN	NC	TN	farmer
	Proffitt, Darcus	wife	77	NC	NC	NC	
	Proffitt, Elizabeth S.	daughter	57	TN	TN	NC	
	Garland, Ida	daughter(wd)	53	TN	TN	NC	
89	Hamilton, Robert	head	34	TN	TN	TN	merchant gen store
	Hamilton, Annie Reed	wife	31	TN	TN	TN	
	Hamilton, Ruby	daughter	15	TN	TN	TN	
	Hamilton, John H.	son	11	TN	TN	TN	
	Hamilton, Robert	son	6	TN	TN	TN	
	Hamilton, Annie B.	daughter	4	TN	TN	TN	
	Hamilton, Mary	daughter	9	TN	TN	TN	
	Hamilton, Fred	son	0	TN	TN	TN	
90	Ward, William	head	72	TN	TN	TN	farmer
	Ward, Laura	wife	42	TN	TN	TN	
	Holden, Nannie	step daughter	18	TN	TN	TN	
	Holden, Verdie	step daughter	16	TN	TN	TN	
	Holden, Ray	step son	14	TN	TN	TN	
	Holden, Guy	step son	12	TN	TN	TN	
	Holden, Fred	step son	10	TN	TN	TN	
91	Rainbolt, Matildia	head (wd)	81	TN	TN	TN	truck farmer
	Rainbolt, Columbia	sister(wd)	64	TN	TN	TN	
repeat 91	Jenkins, Charley	head	49	TN	TN	TN	farmer
	Jenkins, Oma	wife	47	TN	TN	TN	
	Jenkins, Herbert	son	19	TN	TN	TN	farmer
92	Rainbolt, John M.	head	65	TN	TN	TN	farmer
	Rainbolt, Nancy E.	wife	64	TN	TN	TN	
	Holloway, Paul	son in law	35	TN	TN	TN	laborer farm
	Holloway, Ada	daughter	27	TN	TN	TN	
	Holloway, Helen R.	grdaughter	7	TN	TN	TN	
93	Dugger, Dempsey	head	27	TN	TN	TN	laborer farm
	Dugger, Mary	wife	25	TN	TN	TN	
	Dugger, Jack J.	son	1	TN	TN	TN	
94	Shoun, Peter Hilton	head	79	TN	TN	TN	farmer
	Shoun, Alzenia	wife	75	NC	NC	TN	
	Shoun, George	son	42	NC	TN	NC	laborer saw mill
	Powell, Della	daughter(wd)	51	NC	TN	NC	
	Powell, Joseph Hilton	grson	26	TN	TN	NC	laborer farm
95	Guinn, Abe	head	46	TN	TN	TN	farmer
	Guinn, Mollie	aunt	60	TN	TN	TN	
	Guinn, George	cousin	25	TN	TN	TN	laborer farm
96	Gregg, Nelson	head	63	TN	NC	NC	laborer farm
	Gregg, Sarah E.	wife	58	TN	TN	NC	

Family #	Name	Relation	Age	I	F	M	Occupation
97	Triplett, Coy	head	39	NC	NC	NC	farmer
	Triplett, Iva	wife	29	TN	TN	TN	
	Triplett, Gladys	daughter	8	TN	NC	TN	
	Triplett, Mary	daughter	7	TN	NC	TN	
	Triplett, Maynard	son	4	TN	NC	TN	
98	Triplett, Billy	head	46	NC	NC	NC	farmer
	Triplett, Edna	wife	32	NC	NC	NC	
	Triplett, Turner	son	14	TN	NC	NC	
	Triplett, Fay	daughter	11	TN	NC	NC	
	Triplett, Hillard	son	9	TN	NC	NC	
	Triplett, Mildred	daughter	7	TN	NC	NC	
	Triplett, Glasco	son	4	TN	NC	NC	
99	Bowman, David C.	head	43	TN	TN	TN	farmer
	Bowman, Raina	wife	43	TN	TN	TN	
	Bowman, Donald	son	16	TN	TN	TN	laborer farm
	Bowman, Lyda	daughter	3	TN	TN	TN	
	Bowman, Carroll E.	son	1	TN	TN	TN	
100	Lunceford, William H.	head	53	TN	TN	TN	farmer
	Lunceford, Matildia	wife	48	TN	TN	TN	
	Lunceford, Martha	daughter	26	TN	TN	TN	
	Lunceford, Janie C.	daughter	24	TN	TN	TN	
	Lunceford, Florence	daughter	22	TN	TN	TN	
	Lunceford, Clint A.	son	9	TN	TN	TN	
	Lunceford, Verlon	grson	2	TN	TN	TN	
101	Dugger, Roy B.	head	35	TN	TN	TN	farmer
	Dugger, Mae P.	wife	34	NC	NC	NC	
	Dugger, Nannie E.	daughter	10	TN	TN	TN	
	Dugger, J. D.	son	7	TN	TN	NC	
	Dugger, J. P.	son	6	TN	TN	NC	
	Dugger, Nellie	daughter	5	TN	TN	NC	
	Dugger, Lester	son	3	TN	TN	NC	
102	Dugger, Frank	head	31	TN	TN	TN	farmer
	Dugger, Lena	wife	34	NC	NC	TN	
	Dugger, Fred	son	11	TN	TN	NC	
	Dugger, Earl	son	9	TN	TN	NC	
	Dugger, Maud	daughter	6	TN	TN	NC	
	Dugger, Ray	son	3	TN	TN	NC	
	Dugger, David	son	0	TN	TN	NC	
103	Dugger, Ceford	head	38	TN	TN	TN	farmer
	Dugger, Celia	wife	29	TN	TN	TN	
	Dugger, Nancy	daughter	7	TN	TN	TN	
	Dugger, Luckie	son	5	TN	TN	TN	
	Dugger, Onie	daughter	3	TN	TN	TN	
	Dugger, Fate	son	0	TN	TN	TN	

Family #	Name	Relation	Age	I	F	M	Occupation
104	Holden, Jim F.	head	55	TN	TN	TN	truck farmer
	Holden, Amanda	wife	55	TN	TN	TN	
	Holden, Clyde	son	19	TN	TN	TN	laborer farm
105	Pearson, Clyde	head	40	TN	NC	TN	laborer farm
	Pearson, Annie	wife	40	TN	TN	NC	
	Pearson, Howard	son	13	TN	TN	TN	
	Pearson, Dale	son	8	TN	TN	TN	
	Pearson, Ernest	son	5	TN	TN	TN	
	Pearson, Edsel	son	5	TN	TN	TN	
	Pearson, Paul	son	2	TN	TN	TN	
	Pearson, Douglas	son	0	TN	TN	TN	
106	Slemp, Michael Jorden	head	62	TN	TN	TN	farmer
	Slemp, Callie	wife	52	TN	TN	TN	
	Slemp, Tine	son	28	TN	TN	TN	laborer farm
107	Triplett, John	head	76	NC	NC	NC	farmer
	Triplett, Martha	wife	39	NC	NC	NC	
	Triplett, Roxie	daughter	7	TN	NC	NC	
	Triplett, Adie	daughter	5	TN	NC	NC	
	Triplett, Robert D.	son	3	TN	NC	NC	
	Hicks, Dewey	step son	12	TN	NC	NC	
108	Reece, Jake	head	48	TN	TN	TN	farmer
	Reece, Ellen	wife	47	TN	TN	TN	
	Green, Bobbie	ward	14	TN	NC	NC	
109	Slimp, Dana	head	28	TN	NC	NC	farmer
	Slimp, Tressie	wife	25	TN	TN	TN	
	Slimp, Mary E.	daughter	2	TN	TN	TN	
110	Slimp, Ellen	head	63	TN	TN	TN	
111	Osborne, Hobert	head	18	TN	TN	TN	laborer lumber mill
	Osborne, Annie	wife	17	TN	TN	TN	
112	Bowman, Isaac	head	40	TN	TN	TN	farmer
	Bowman, Annie	wife	39	TN	TN	TN	
113	Presnell, William	head	36	NC	NC	NC	laborer farm
	Presnell, Ida	wife	28	TN	NC	TN	
	Presnell, Mae	daughter	11	NC	NC	TN	
	Presnell, Dayton	son	7	TN	NC	TN	
	Presnell, Ernest	son	5	VA	NC	TN	
114	Jones, Madge	head (wd)	34	TN	TN	TN	farmer
115	Wagner, Daniel	head	77	TN	TN	TN	farmer
	Wagner, Ticia	wife	50	TN	TN	TN	
	Arnold, Nannie	daughter	22	TN	TN	TN	
	Arnold, Beatrice	grdaughter	6	TN	TN	TN	
	Arnold, Vivian	grdaughter	4	TN	TN	TN	
	Arnold, Marshall	grson	3	TN	TN	TN	
116	Stout, Asa	head	33	TN	TN	TN	farmer

Family #	Name	Relation	Age	I	F	M	Occupation
	Stout, Eula	wife	25	TN	TN	TN	
	Stout,, Martha	mother	55	TN	TN	TN	
	Stout, Pink	brother	17	TN	TN	TN	
	Stout, Chalmus	son	8	TN	TN	TN	
	Stout, Carroll	son	5	TN	TN	TN	
	Stout, Junior	son	3	TN	TN	TN	
	Proffitt, Erma	sister in law	21	TN	TN	TN	
117	Fritts, Charley E.	head	31	TN	TN	TN	farmer
	Fritts, Martha	wife	31	TN	TN	TN	
	Fritts, Elsie	daughter	6	TN	TN	TN	
	Fritts, Violet	daughter	3	TN	TN	TN	
	Fritts, Virginia Nell	daughter	1	TN	TN	TN	
	Snyder, Callie	motherinlaw	65	TN	TN	TN	
118	DeLoach, Ester	head (wd)	56	TN	TN	TN	servantprivatefamily
	DeLoach, Sam	son	18	TN	TN	TN	laborer farm
	DeLoach, Lavina	daughter	16	TN	TN	TN	
	DeLoach, Ruth	daughter	11	TN	TN	TN	
	DeLoach, Mildred	daughter	9	TN	TN	TN	
119	Snyder, Floyd	head	48	TN	TN	TN	farmer
	Snyder, Mary	wife	31	NC	NC	NC	
	Snyder, Pauline	daughter	8	TN	TN	NC	
	Snyder, Bernice	daughter	5	TN	TN	NC	
	Snyder, Juanita	daughter	3	TN	TN	NC	
	Snyder, J. L.	son	0	TN	TN	NC	
120	Fritts, David	head	64	TN	TN	NC	farmer
	Fritts, Maggie	wife	52	NC	NC	NC	
	Fritts, Earl	son	18	TN	TN	NC	laborer farm
	Fritts, Robert	son	15	TN	TN	NC	
121	Williams, Nancy	head	63	NC	NC	NC	laborer farm
	Slimp, Fate	grson	18	TN	TN	WV	laborer farm
122	Bowman, Robert L.	head	56	TN	TN	NC	agent railroad
	Bowman, Carrie L.	wife	49	TN	TN	TN	
	Bowman, Dana A.	son	20	TN	TN	TN	
123	Stout, Stacy	head	59	TN	TN	TN	merchant gen store
	Stout, Georgia	wife	38	TN	TN	TN	
	Stout, J. S. Jr.	son	8	TN	TN	TN	
	Stout, John Thomas	son	6	TN	TN	TN	
124	Stout, Clyde	head	29	TN	NC	TN	laborer lumber mill
	Stout, Mae	wife	23	TN	TN	TN	
	Stout, Estel	brother	22	TN	NC	TN	laborer lumber mill
	Stout, Melvin	brother	18	TN	NC	TN	
	Stout, Rossie	brother	13	TN	NC	TN	
	Stout, Zola	sister	9	TN	NC	TN	
	Stout, Rondal	brother	11	TN	NC	TN	

Family #	Name	Relation	Age	I	F	M	Occupation
	Stout, Kate	sister	6	TN	NC	TN	
125	Stout, Tice	head	53	TN	TN	TN	farmer
	Stout, Ida	wife	51	TN	TN	TN	
	Stout,, Ray	son	24	TN	TN	TN	laborer farm
	Stout, Callie	daughter	21	TN	TN	TN	
	Stout, Anna Mae	daughter	12	TN	TN	TN	
126	Pierce, Vaught	head	38	TN	TN	TN	farmer
	Pierce, Mildred	wife	38	TN	TN	NC	
	Pierce, Roger	son	1	TN	TN	TN	
	Vaught, Sarah	motherinlaw	68	NC	NC	NC	
	Ward, John D.	step son	16	TN	TN	TN	
	Ward, Robert	step son	13	TN	TN	TN	
127	Bowman, Tom	head	42	TN	TN	TN	farmer
	Bowman, Mollie	wife	44	TN	TN	TN	
	Bowman, Sergia	daughter	15	TN	TN	TN	
	Bowman, Dorsa	son	12	TN	TN	TN	
	Bowman, Sudie	daughter	9	TN	TN	TN	
	Bowman, Dennis	son	8	TN	TN	TN	
	Bowman, Dalton	son	6	TN	TN	TN	
	Bowman, Georgia	daughter	4	TN	TN	TN	
	Bowman, Ernest	son	3	TN	TN	TN	
	Bowman, Junior	son	1	TN	TN	TN	
	Bowman, Martha	mother	63	TN	TN	NC	
	Blevins, Luzina	aunt (wd)	66	TN	TN	NC	
128	Arney, Carl	head	33	TN	TN	NC	laborer farm
	Arney, Ada	wife	28	TN	TN	NC	
	Arney, Velma	daughter	7	TN	TN	TN	
	Arney, Evelyn	daughter	6	TN	TN	TN	
	Walsh, Mary	motherinlaw	58	NC	NC	NC	
repeat 128	Trivette, Solomon R.	head	63	TN	NC	NC	truck farmer
	Trivette, Lona	wife	60	TN	TN	TN	
129	Wagner, Wilbur	head	20	TN	TN	TN	farmer
130	Jenkins, Carrie	head (wd)	28	TN	TN	NC	laborer truck farm
	Jenkins, Virginia	daughter	10	WA	TN	TN	
	Arney, William	father (wd)	67	TN	TN	NC	
131	Wagner, Elbert	head (wd)	50	TN	TN	TN	farmer
132	Keller, Calvin	head	55	NC	NC	NC	farmer
	Keller, Amanda	wife	56	NC	NC	NC	
	Lunceford, Elizabeth	motherinlaw	84	NC	NC	TN	
133	Stout, James K.	head	55	TN	TN	TN	farmer
	Stout, Naoma	wife	49	TN	TN	TN	
	Stout, Stanley	son	23	TN	TN	TN	merchant gen store
134	Lewis, Clarence	head	30	TN	TN	TN	farmer
	Lewis, Mae	wife	26	TN	TN	TN	

Family #	Name	Relation	Age	I	F	M	Occupation
	Lewis, Allilion Rose	daughter	3	TN	TN	TN	
135	Lewis, George W.	head	59	TN	TN	TN	farmer
	Lewis, Martha E.	wife	57	TN	TN	TN	
	Lewis, Elma	daughter	26	TN	TN	TN	laborer silk mill
	Lewis, Ruth	daughter	19	TN	TN	TN	laborer silk mill
	Rainbolt, Gale	grson	13	TN	TN	TN	
136	Dugger, Ida	head (wd)	49	TN	TN	TN	truck farmer
	Dugger, Amy	daughter	19	TN	TN	TN	
	Dugger, Lawrence	son	17	TN	TN	TN	
	Dugger, Jessie	son	15	TN	TN	TN	
137	Norris, Avery	head	37	NC	NC	NC	laborer furniture fct
	Norris, Carrie	wife	33	NC	NC	NC	
	Norris, Earl	son	11	TN	NC	NC	
	Norris, J. C.	son	10	TN	NC	NC	
	Norris, Dwight	son	2	TN	NC	NC	
repeat 137	Ford, John	head	47	TN	TN	TN	machinist lmbr mill
	Ford, Nora	wife	27	TN	VA	TN	
	Stout, Harold	grson	10	VA	VA	VA	
138	Slimp, Wm. Elconia	head	50	TN	TN	TN	laborer lumber mill
	Slimp, Minnie	wife	45	TN	TN	TN	
	Slimp, Blanch	daughter	16	TN	TN	TN	
	Slimp, Glenn	son	5	TN	TN	TN	
	Slimp, Ethel	daughter	3	TN	TN	TN	
	Honeycutt, Tine	son in law	25	NC	NC	NC	laborer lumber mill
	Honeycutt, Fern	daughter	25	TN	TN	TN	
139	Jenkins, William	head	72	TN	TN	TN	laborer odd jobs
	Jenkins, Victoria	wife	55	TN	TN	TN	
	Jenkins, Tilman	son	20	TN	TN	TN	laborer railroad
	Jenkins, Spencer	son	19	TN	TN	TN	laborer odd jobs
	Arney, Trula	grdaughter	15	TN	TN	TN	
	Arney, Porter	grson	13	TN	TN	TN	
140	Green, George	head	61	NC	NC	NC	machinist lmbr mill
	Green, Lizzie Elliott	wife	61	NC	NC	NC	
	Green, Ervin	son	19	NC	NC	NC	
	Green, John Worth	son	15	TN	NC	NC	
	Green, Viola	daughter	13	TN	NC	NC	
	Green, Dana	son	10	TN	NC	NC	
	Cable, Raymond	grson	3	TN	TN	NC	
141	McQueen, Wm. Mark	head	38	TN	TN	TN	laborer lumber mill
	McQueen, Chelsie	wife	38	TN	TN	TN	
	McQueen, Beatrice	daughter	15	TN	TN	TN	
	McQueen, Buna	daughter	13	TN	TN	TN	
	McQueen, Estel	son	8	TN	TN	TN	
	McQueen, Bonnie Maud	daughter	6	TN	TN	TN	

Family #	Name	Relation	Age	I	F	M	Occupation
142	Holloway, Ina	head (wd)	33	NC	NC	TN	
	Holloway, Nina	daughter	14	TN	TN	NC	
	Holloway, Claude	son	11	TN	TN	NC	
	Holloway, Bruce	son	9	TN	TN	NC	
	Rector, James	boarder	47	NC	NC	NC	laborer lumber mill
143	Stout, Godfrey	head	64	TN	TN	TN	farmer
	Stout, Fronia	wife	68	TN	TN	TN	
144	Keller, Warren	head	29	NC	NC	NC	laborer odd jobs
	Keller, Annie	wife	24	TN	TN	TN	
	Keller, Helen	daughter	4	TN	NC	TN	
	Keller, Fred	son	1	TN	NC	TN	
145	Milhorn, Howard	head	33	TN	TN	TN	laborer lumber mill
	Milhorn, Hattie B.	wife	32	TN	TN	TN	
	Milhorn, R.H.	son	9	TN	TN	TN	
	Milhorn, James E.	son	6	TN	TN	TN	
	Milhorn, Wiley	son	5	TN	TN	TN	
	Milhorn, Harold	son	3	TN	TN	TN	
	Milhorn, Herbert	son	1	TN	TN	TN	
146	Triplett, George	head	49	NC	NC	NC	farmer
	Triplett, Thelma	daughter	15	NC	NC	NC	
	Triplett, Clyde	son	12	TN	NC	NC	
	Triplett, Marie	daughter	10	TN	NC	NC	
	Triplett, J.D.	son	6	TN	NC	NC	
147	Stout, David G.	head	47	TN	TN	TN	farmer
	Stout, Delia	wife	41	TN	TN	TN	
	Stout, Mary J.	mother	65	TN	TN	TN	
	Grindstaff, Irene	niece	8	TN	TN	TN	
148	Byers, Calvin	head	56	TN	NC	NC	farmer
	Byers, Lillie	wife	41	TN	TN	TN	
	Byers, Clyde	son	23	TN	TN	TN	laborer farm
	Byers, Paul	son	18	TN	TN	TN	laborer farm
	Byers, Kate	daughter	14	TN	TN	TN	
	Byers, Mabel	daughter	12	TN	TN	TN	
	Byers, Garfield	son	10	TN	TN	TN	
	Byers, Martha	daughter	8	TN	TN	TN	
	Byers, Bonnie	daughter	6	TN	TN	TN	
	Byers, Jack	son	4	TN	TN	TN	
149	Atwood, Stanley	head	36	TN	KY	TN	farmer
	Atwood, Emma	wife	29	TN	TN	TN	
	Atwood, Ruth	daughter	7	TN	TN	TN	
	Atwood, Clyde	son	5	TN	TN	TN	
	Atwood, George	son	2	TN	TN	TN	
	Atwood, Edward	son	0	TN	TN	TN	
150	Barker, James L.	head	38	TN	TN	TN	operator railroad

Family #	Name	Relation	Age	I	F	M	Occupation
	Barker, Emma	wife	35	NC	NC	NC	
151	Greenwell, Alfred	head	40	TN	TN	TN	farmer
	Greenwell, Ruth	wife	25	NC	NC	NC	
	Greenwell, Minnie B.	daughter	6	TN	TN	NC	
	Greenwell, Lena Kate	daughter	5	TN	TN	NC	
	Greenwell, David	father	73	TN	TN	TN	
152	Wolfe, Harry	head	36	TN	TN	TN	laborer odd jobs
	Wolfe, Jennie	wife	26	TN	TN	TN	
	Wolfe, Verna L.	daughter	8	TN	TN	TN	
	Wolfe, Mary	daughter	7	TN	TN	TN	
	Wolfe, Burl	daughter	4	TN	TN	TN	
	Wolfe, Harry E.	son	2	TN	TN	TN	
	Wolfe, Valeen	daughter	0	TN	TN	TN	
153	Eggers, Jim	head	56	TN	NC	NC	farmer
	Eggers. Eliza	wife	50	TN	TN	TN	
	Eggers, Myra	daughter	17	TN	TN	TN	
	Eggers, Mary	daughter	13	TN	TN	TN	
	Eggers, Dovie	daughter	10	TN	TN	TN	
	Eggers, Eula	daughter	8	TN	TN	TN	
154	Greenwell, William	head	63	TN	NC	TN	farmer
	Greenwell, Martitia	wife	61	NC	NC	NC	
155	Cornett, Marion	head	53	TN	TN	TN	farmer
	Cornett, Maggie	wife	39	TN	NC	NC	
	Cornett, Paul	son	19	NC	TN	TN	laborer farm
	Cornett, Viola	daughter	9	NC	TN	TN	
	Cornett, Fred	son	20	NC	TN	TN	laborer farm
	Cornett, Bonnie	dauinlaw	18	TN	TN	TN	
	Cornett, Pauline	grdaughter	3	NC	NC	TN	
	Cornett, Albert	grson	1	NC	NC	TN	
156	Reece, Harvey	head	48	TN	TN	TN	farmer
	Reece, Salvie	wife	45	TN	TN	TN	
	Reece, Boyd	son	18	TN	TN	TN	
	Reece, Ruby	daughter	16	TN	TN	TN	
	Reece, Vivian	daughter	11	TN	TN	TN	
	Reece, Kate	daughter	9	TN	TN	TN	
	Reece, Goldie	daughter	6	TN	TN	TN	
	Reece, Earl	son	1	TN	TN	TN	
157	Greenwell, Martha	head	55	TN	TN	TN	
	Greenwell, Connie	sister	47	TN	TN	TN	
158	Greenwell, Rod	head	42	TN	TN	TN	farmer
	Greenwell, Glenn	wife	35	TN	TN	TN	
	Greenwell, Opal	daughter	15	TN	TN	TN	
	Greenwell, Dale	son	11	TN	TN	TN	
	Greenwell, Bernice	daughter	9	TN	TN	TN	

Family #	Name	Relation	Age	I	F	M	Occupation
	Greenwell, Louise	daughter	7	TN	TN	TN	
	Greenwell, R.H.	son	4	TN	TN	TN	
159	Holloway, Edward	head	41	TN	NC	TN	farmer
	Holloway, Hugh	brother	47	TN	NC	TN	laborer farm
	Holloway, Cora	sister	34	TN	NC	TN	
	Holloway, Carl	nephew	10	TN	TN	TN	
160	Farthing, John F.(Jack)	head	51	NC	NC	NC	farmer
	Farthing, Florence	wife	36	NC	NC	NC	
	Farthing, Edsel	son	14	NC	NC	NC	
	Farthing, Leondas	daughter	10	TN	NC	NC	
	Farthing, Jacqueline	daughter	7	TN	NC	NC	
161	Wolfe, Fred	head	60	TN	NC	TN	farmer
	Wolfe, Delia	wife	52	KY	TN	NC	
	Wolfe, Dorthy Lee	daughter	13	TN	TN	KY	
162	Wolfe, Luther	head	29	TN	TN	KY	farmer
	Wolfe, Rita	wife	25	TN	TN	TN	
	Wolfe, Kathleen	daughter	2	TN	TN	TN	
163	Wolfe, Don	head	30	TN	TN	TN	farmer
	Wolfe, Roxie	wife	25	TN	TN	TN	
	Wolfe, Ellis	son	7	TN	TN	TN	
	Wolfe, Lawrence	father	60	TN	TN	TN	laborer farm
	Wolfe, Emily	mother	65	TN	TN	TN	
	Wolfe, Ode	brother	25	TN	TN	TN	
164	Laws, McKinley	head	33	TN	TN	TN	laborer railroad
	Laws, Ethel	wife	32	TN	TN	TN	
	Laws, Marie	daughter	9	TN	TN	TN	
	Laws, Chalmus	son	4	TN	TN	TN	
165	Storie, William	head	35	NC	NC	NC	farmer
	Storie, Amerzer	wife	34	TN	TN	TN	
	Storie, Theodore	son	14	TN	NC	TN	
	Storie, Eula	daughter	9	TN	NC	TN	
	Storie, Olga	daughter	7	TN	NC	TN	
	Storie, Mae	daughter	5	TN	NC	TN	
	Storie, Jack	son	4	TN	NC	TN	
	Storie, Dixie	daughter	2	TN	NC	TN	
	Storie, Joyce	daughter	0	TN	NC	TN	
166	Gregg, Leason	head	30	NC	NC	TN	laborer farm
	Gregg, Myrtle	wife	21	NC	TN	NC	
	Gregg, Loyd	son	3	TN	NC	NC	
167	McElyea, John	head (wd)	58	TN	TN	TN	farmer
	McElyea, Myrtle	daughter	18	TN	TN	TN	
	McElyea, Sandy	son	17	TN	TN	TN	
	McElyea, Eugene	son	16	TN	TN	TN	
	McElyea, Annamae	daughter	14	TN	TN	TN	

Family #	Name	Relation	Age	I	F	M	Occupation
	McElyea, J. L.	son	13	TN	TN	TN	
	McElyea, Robert	son	10	TN	TN	TN	
	McElyea, David	son	9	TN	TN	TN	
168	McCloud, Taylor	head	35	TN	TN	TN	farmer
	McCloud, Waunita	wife	30	TN	TN	TN	
	McCloud, Elvin	son	10	WV	TN	TN	
	McCloud, Lewis	son	8	WV	TN	TN	
	McCloud, Clyde	son	5	WV	TN	TN	
	McCloud, Ernest	son	2	WV	TN	TN	
	McCloud, Matt	son	0	TN	TN	TN	
169	McElyea, Annie	head	60	TN	TN	TN	
	Forrester, Fronia	niece (wd)	33	TN	TN	TN	
	Forrester, Dallas	grnephew	7	TN	TN	TN	
	Forrester, Wallace	grnephew	7	TN	TN	TN	
	Forrester, Wanda	grniece	6	TN	TN	TN	
170	Slimp, Butler	head	48	TN	TN	TN	farmer
	Slimp, Millie	wife	34	TN	TN	TN	
	Slimp, Mabel	daughter	10	TN	TN	TN	
	Slimp, Ruthanne	daughter	7	TN	TN	TN	
	Slimp, Hollis	son	5	TN	TN	TN	
	Slimp, Donna	daughter	1	TN	TN	TN	
171	Duncan, John A.	head	70	TN	TN	TN	farmer
	Duncan, Tina	wife	52	TN	TN	TN	
	Fritts, Oscar	boarder	24	TN	TN	TN	laborer odd jobs
172	Greenwell, James F.	head	60	TN	TN	TN	farmer
	Greenwell, Della A.	wife	41	TN	TN	TN	
	Forrester, Curtis L.	step son	15	TN	TN	TN	
	Forrester, Ross D.	step son	12	TN	TN	TN	
173	Lunceford, Aud	head	38	TN	TN	TN	farmer
	Lunceford, Lillie	wife	29	TN	TN	TN	
	Lunceford, Hugh	son	7	TN	TN	TN	
	Lunceford, Annamae	daughter	5	TN	TN	TN	
	Lunceford, Nell B.	daughter	1	TN	TN	TN	
174	Slimp, Robert B.	head	41	TN	TN	TN	farmer
	Slimp, Joanna	wife	36	TN	TN	TN	
	Slimp, Robert Bruce	son	12	TN	TN	TN	
	Slimp, Worley C.	son	9	TN	TN	TN	
	Slimp, James L.	son	3	TN	TN	TN	
	Slimp, Rutha Mae	daughter	1	TN	TN	TN	
175	Bradley, James M.	head	40	TN	TN	TN	farmer
	Bradley, Mae	wife	41	PA	ME	PA	
	Bradley, William	son	17	TN	TN	PA	
	Bradley, Blanch	daughter	16	TN	TN	PA	
	Bradley, Pauline	daughter	12	TN	TN	PA	

Family #	Name	Relation	Age	I	F	M	Occupation
	Bradley, Howard	son	11	TN	TN	PA	
	Jewett, Ida L.	motherinlaw	65	PA	PA	PA	
176	Forrester, Roscoe	head	46	TN	TN	TN	farmer
	Forrester, Joann	wife	40	TN	TN	TN	
	Forrester, Stanley	son	20	TN	TN	TN	laborer odd jobs
	Forrester, Burnice	son	18	TN	TN	TN	
177	Fritts, John	head	56	TN	TN	TN	farmer
	Frittts, Emeline	wife	45	TN	TN	TN	
	Fritts, Isaac	son	18	TN	TN	TN	laborer odd jobs
	Fritts, Gertie	daughter	16	TN	TN	TN	
	Fritts, Jody	son	12	TN	TN	TN	
	Fritts, Blaine	son	10	TN	TN	TN	
	Fritts, Buster	son	6	TN	TN	TN	
	Fritts, Warren	son	3	TN	TN	TN	
178	Humphreys, Joseph	head	37	KY	KY	KY	laborer farm
	Humphreys, Blanch D.	wife	28	TN	TN	TN	

Fifth District enumeration ends here.   Tenth District begins on next page.
Notes:

Family #	Name	Relation	Age	I	F	M	Occupation
10th District							
1	Gregg, Ottie Clyde	head	35	TN	TN	TN	farmer
	Gregg, Ethel	wife	32	NC	NC	NC	
	Gregg, Ottie Creed	son	7	TN	TN	NC	
	Gregg, Veriel	daughter	4	TN	TN	NC	
	Gregg, L.D.	son	2	TN	TN	NC	
2	Blevins, Joe G.	head	64	TN	TN	NC	farmer
	Blevins, Eliza	wife	52	TN	TN	NC	
	Blevins, Durant	son	31	TN	TN	TN	laborer farm
	Blevins, Charlie	son	29	TN	TN	TN	laborer farm
	Blevins, Winnie	daughter	24	TN	TN	TN	
	Blevins, Robert	son	22	TN	TN	TN	
	Blevins, David	son	20	TN	TN	TN	
	Blevins, Jady	son	18	TN	TN	TN	
	Blevins, Frank	son	14	TN	TN	TN	
	Blevins, Albert	son	12	TN	TN	TN	
3	Cable, Jerd	head	49	NC	NC	NC	farmer
	Cable, Ida	wife	54	TN	TN	NC	
	Cable, Howard	son	19	TN	NC	TN	laborer farm
	Cable, Oda	son	17	TN	NC	TN	
	Cable, Margie	daughter	15	TN	NC	TN	
	Cable, George	son	13	TN	NC	TN	
4	Bunton, Mack	head	39	TN	TN	TN	laborer farm
	Bunton, Maggie	wife	33	TN	TN	TN	
5	Bunton, Taylor Ben	head	74	TN	TN	TN	farmer
	Bunton, Fawn	son	33	TN	TN	TN	laborer farm
	Cowan, Winnie	daughter	29	TN	TN	TN	
	Cowan, Ronda	son in law	26	TN	TN	NC	coal miner
	Cowan, Clint	grson	3	TN	TN	TN	
6	Campbell, Ode	head	29	TN	TN	TN	laborer farm
	Campbell, Fay	wife	26	TN	TN	TN	
	Campbell, Selma	daughter	5	TN	TN	TN	
7	Dugger, Henry Harrison	head	33	TN	TN	TN	laborer farm
	Dugger, Orpha	wife	30	TN	TN	TN	
	Dugger, Beula	daughter	13	TN	TN	TN	
8	Bunton, U. S.	head	61	TN	TN	TN	farmer
	Bunton, Sarah Catherine	wife	60	TN	NC	NC	
	Bunton, Spencer	son	19	TN	TN	TN	laborer farm
9	Lunceford, Bob	head	52	TN	TN	TN	farmer
	Lunceford, Laura	wife	52	TN	TN	TN	
	Lunceford, Pauline	daughter	16	TN	TN	TN	
	Lunceford, Loyd	son	12	TN	TN	TN	
	Lunceford, Luvenia	mother (wd)	79	TN	TN	TN	

Family #	Name	Relation	Age	I	F	M	Occupation
	Stout, Charles	boarder	23	TN	TN	TN	public school teacher
10	Morgan, John		57	TN	TN	NC	farmer
	Morgan, Naomi	wife	55	TN	TN	TN	
	Morgan, Arthur	son	19	TN	TN	TN	laborer farm
	Morgan, Laura	daughter	16	TN	TN	TN	
	Morgan, Mabel	daughter	14	TN	TN	TN	
11	Bunton, Samuel	head	40	TN	TN	TN	laborer odd jobs
	Bunton, Etta	wife	39	TN	NC	TN	
	Bunton, Raleigh	son	17	TN	TN	TN	
	Bunton, Beulah	daughter	13	TN	TN	TN	
	Bunton, Bernice	daughter	9	TN	TN	TN	
	Bunton, Maud	daughter	5	TN	TN	TN	
	Bunton, Minnie	daughter	2	TN	TN	TN	
repeat 11	Potter, Dave	head	54	TN	TN	NC	farmer
	Potter, Hattie	wife	30	TN	TN	TN	
	Potter, Marion	son	21	TN	TN	TN	
	Potter, Eula	daughter	10	TN	TN	TN	
	Potter, Arthur	son	9	TN	TN	TN	
	Potter, Doris	daughter	5	TN	TN	TN	
	Potter, Ruth	daughter	4	TN	TN	TN	
	Potter, James	son	1	TN	TN	TN	
12	Adkins, Martha	head (wd)	44	TN	NC	TN	
13	Norris, Hobart	head	33	TN	NC	TN	farmer
	Norris, Mamie	wife	27	TN	NC	TN	
	Norris, Grace	daughter	6	TN	TN	TN	
	Norris, Caroline	grandmother	82	NC	NC	NC	
14	Campbell, Thomas	head	24	TN	TN	TN	laborer odd jobs
	Campbell, Ester	wife	21	TN	TN	TN	
	Campbell, Anna	daughter	5	TN	TN	TN	
	Campbell, Glenn	son	3	TN	TN	TN	
	Campbell, Elsie	daughter	0	TN	TN	TN	
15	Campbell, Oma	widow	58	TN	TN	TN	farmer
	Campbell, Ester	daughter	18	TN	TN	TN	
	Campbell, Jake	son	17	TN	TN	TN	laborer farm
	Campbell, Verlan	grdaughter	3	TN	TN	TN	
16	Dugger, Joseph Ollie	head (wd)	73	TN	TN	VA	farmer
	Dugger, Ben T.	son	36	TN	TN	TN	farmer
	Dugger, Joseph David	son	29	TN	TN	TN	farmer
	Dugger, Valah Belva	dau in law	25	NC	NC	NC	
17	Campbell, Frank	head	36	TN	TN	TN	farmer
	Campbell, Cora	wife	29	TN	TN	TN	
	Campbell, Carroll	son	8	TN	TN	TN	
	Campbell, Jack	son	6	TN	TN	TN	
	Campbell, Mary	daughter	3	TN	TN	TN	

Family #	Name	Relation	Age	I	F	M	Occupation
18	Evans, Roddy	head	39	TN	NC	NC	farmer
	Evans, Virginia	wife	28	TN	TN	TN	
	Evans, Ralph	son	10	TN	TN	TN	
	Evans, Caroline	daughter	8	TN	TN	TN	
	Evans, Carroll	son	6	TN	TN	TN	
	Evans, Bonnie	daughter	2	TN	TN	TN	
	Evans, Bird	brother	53	NC	NC	NC	laborer farm
19	Potter, Finley	head	47	TN	TN	TN	farmer
	Potter, Rose	wife	33	TN	TN	TN	
	Potter, Mae	daughter	14	TN	TN	TN	
	Potter, Robert	son	12	TN	TN	TN	
	Potter, Maud	daughter	9	TN	TN	TN	
	Potter, Clarence	son	7	TN	TN	TN	
	Potter, Dorthea	daughter	4	TN	TN	TN	
	Potter, Thomas	son	2	TN	TN	TN	
	Potter, Thelma	daughter	0	TN	TN	TN	
20	Payne, George	head	51	TN	TN	TN	farmer
	Payne, Nancy	wife	48	TN	TN	TN	
	Payne, Blanie	daughter	20	TN	TN	TN	
	Payne, Dayton	son	18	TN	TN	TN	farmer
	Payne, Delaney	son	16	TN	TN	TN	
	Payne, Blanch	daughter	14	TN	TN	TN	
	Payne, Beatrice	daughter	9	TN	TN	TN	
	Payne, Danford	son	6	TN	TN	TN	
21	Day, George Henry	head	39	TN	NC	TN	farmer
	Day, Della	wife	39	TN	NC	TN	
	Day, Agnes	daughter	14	TN	TN	TN	
	Day, Broadious	son	9	TN	TN	TN	
	Day, Marquetta	daughter	5	TN	TN	TN	
22	Harmon, Avery	head	37	NC	NC	NC	laborer odd jobs
	Harmon, Anna	wife	29	TN	TN	TN	
	Harmon, Homer	son	12	NC	NC	TN	
	Harmon, Donnie	daughter	10	OH	NC	TN	
	Harmon, Laura	daughter	9	TN	NC	TN	
	Harmon, Allen	son	6	TN	NC	TN	
	Harmon, Norman	son		OH	NC	TN	
23	Burton, Raleigh	head	33	TN	TN	TN	farmer
	Burton, Estella	wife	29	NC	NC	TN	
	Burton, Millicent	daughter	6	TN	TN	NC	
	Burton, Lon	son	4	TN	TN	NC	
	Burton, Cora	sister	40	TN	TN	TN	

Family #	Name	Relation	Age	I	F	M	Occupation
24	Farthing, Harry	head	46	NC	NC	NC	farmer
	Farthing, Ella	wife	35	TN	NC	NC	
	Farthing, Bonnie	daughter	21	NC	NC	NC	
	Farthing, Shaw	son	16	NC	NC	NC	laborer farm
	Farthing, Boyd	son	13	NC	NC	TN	
	Isaacs, Lou	grdaughter	3	TN	NC	NC	
	Slack, Archie	boarder	19	TN	WA	TN	publicschoolteacher
25	Harmon, Ben	head	48	NC	NC	NC	farmer
	Harmon, Lucinda	wife	35	NC	NC	NC	
	Harmon, Eugene	son	16	TN	NC	NC	
	Harmon, Harvey	son	14	TN	NC	NC	
	Harmon, Nettie	daughter	4	TN	NC	NC	
26	Palmer, Charlie	head	46	TN	NC	NC	laborer rail road
	Palmer, Billie	wife	39	NC	NC	NC	
	Palmer, Opal	daughter	19	NC	TN	NC	
	Palmer, Howard	son	17	NC	TN	NC	
	Palmer, Muriel	daughter	13	NC	TN	NC	
	Palmer, Arnold	son	10	NC	TN	NC	
	Palmer, J.D.	son	9	NC	TN	NC	
	Palmer, Deloris	daughter	4	NC	TN	NC	
	Palmer, Pauline	daughter	1	NC	TN	NC	
27	Stansberry, Etta	head (wd)	49	TN	TN	TN	
	Stansberry, Audie	son	23	TN	NC	TN	farmer
	Stansberry, Celia	daughter	18	TN	NC	TN	
	Stansberry, Troy	son	17	TN	NC	TN	
	Stansberry, Hubert	son	16	TN	NC	TN	
	Stansberry, Sylvania	daughter	11	TN	NC	TN	
	Stansberry, John	son	9	TN	NC	TN	
28	Stansberry, Loyd	head	41	NC	NC	NC	farmer
	Stansberry, Jessie	wife	36	NC	NC	NC	
	Stansberry, J.C.	son	8	NC	NC	NC	
	Stansberry, Blaine	son	6	NC	NC	NC	
	Stansberry, Alta	daughter	5	NC	NC	NC	
	Stansberry, Harold	son	1	NC	NC	NC	
29	Cowan, Arthur	head (wd)	47	NC	NC	NC	farmer
	Cowan, Henry	son	18	NC	NC	NC	laborer farm
	Cowan, Rosene	daughter	17	NC	NC	NC	
	Cowan, Louis	son	10	NC	NC	NC	
	Cowan, Dillon	son	5	TN	NC	NC	
	Cowan, George	son	2	TN	NC	NC	
	Cowan, Mae	dau in law	15	TN	NC	NC	
30	Stansberry, Henry	head	34	NC	NC	NC	farmer
	Stansberry, Clarina	wife	32	NC	NC	NC	
	Stansberry, Jady	son	15	TN	NC	NC	

Family #	Name	Relation	Age	I	F	M	Occupation
	Stansberry, Mabel	daughter	12	TN	NC	NC	
	Stansberry, Norman	son	8	TN	NC	NC	
	Stansberry, Rosella	daughter	3	TN	NC	NC	
	Stansberry, Gladys	daughter	1	TN	NC	NC	
31	Blair, John	head	55	NC	NC	NC	farmer
	Blair, Bettie	wife	45	NC	NC	NC	
	Blair, Doyle	son	13	TN	NC	NC	
	Blair, Olena	daughter	12	TN	NC	NC	
	Blair, Boyd	son	9	TN	NC	NC	
	Blair, Beryl	daughter	7	TN	NC	NC	
	Blair, Vaught	son	3	TN	NC	NC	
32	Burton, Frank	head	72	TN	TN	TN	farmer
	Burton, Ida	wife	55	TN	TN	TN	
	Burton, Gladys	grdaughter	9	TN	NC	TN	
	Burton, Helen	grdaughter	4	TN	NC	TN	
33	Hagaman, Nancy	head (wd)	69	TN	TN	VA	farmer
	Hagaman, Flora	daughter	32	TN	NC	TN	
	Hagaman, Franie	grdaughter	9	TN	TN	TN	
34	McGuire, William	head	69	TN	NC	NC	laborer sawmill
	McGuire, Julie	wife	58	TN	TN	TN	
	McGuire, Texie	daughter	27	TN	TN	TN	
	McGuire, Willie	son	20	TN	TN	TN	laborer sawmill
repeat 34	DeLoach, Spurgeon	head	34	TN	TN	TN	farmer
	DeLoach, Naomi	wife	23	TN	TN	TN	
	DeLoach, Hortensia	daughter	3	TN	TN	TN	
	DeLoach, Edith	daughter	1	TN	TN	TN	
35	Burton, William	head	45	TN	TN	TN	farmer
	Burton, Lona	wife	44	TN	TN	TN	
	Burton, Vaughn	son	19	TN	TN	TN	
36	Baker, Sarah	head	49	TN	TN	TN	
	Baker, Louise	mother(wd)	78	TN	TN	TN	
37	Baker, Carl	head	34	TN	TN	TN	farmer
	Baker, Lillie	wife	30	TN	TN	TN	
	Baker, Louise	daughter	9	TN	TN	TN	
	Baker, Ruth	daughter	8	TN	TN	TN	
	Baker, Nell	daughter	6	TN	TN	TN	
	Baker, John	son	4	TN	TN	TN	
38	Stanton, Frank	head	67	TN	NC	TN	farmer
	Stanton, Ollie	wife	57	TN	TN	NC	
39	Stanton, Hobart	head	33	TN	TN	TN	laborer farm
	Stanton, Ordia	wife	28	TN	TN	TN	
	Stanton, Annie	daughter	1	TN	TN	TN	
40	Bunton, Mary	head (wd)	39	TN	TN	TN	farmer
	Bunton, Ethel	daughter	13	TN	TN	TN	

Family #	Name	Relation	Age	I	F	M	Occupation
41	Heaton, Samuel	head	45	TN	TN	TN	farmer
	Heaton, Martha	wife	43	NC	NC	NC	
	Heaton, Ida	daughter	24	NC	TN	NC	
	Heaton, Eveline	daughter	22	NC	TN	NC	
	Heaton, Inez	daughter	15	NC	TN	NC	
	Heaton, Cordie	daughter	11	TN	TN	NC	
	Heaton, Mary	daughter	8	TN	TN	NC	
	Heaton, Loyd	son	5	TN	TN	NC	
	Heaton, Floyd	son	5	TN	TN	NC	
	Heaton, Samuel Jr.	son	3	TN	TN	NC	
	Heaton, Clara	daughter	0	TN	TN	NC	
	Heaton, Mary	mother	82	TN	NC	TN	
	Tester, Phoebe Lee	motherinlaw	87	VA	VA	VA	
42	Bunton, Brazil	head	27	TN	NC	TN	farmer
	Bunton, Anna	wife	32	TN	TN	TN	
	Bunton, Dana	son	0	TN	TN	TN	
43	Stanton, John	head	69	TN	NC	TN	farmer
44	Cable, William	head	44	TN	TN	TN	farmer
	Cable, Myrtle	wife	39	TN	TN	TN	
	Cable, Earl	son	24	TN	TN	NC	laborer farm
	Cable, Hubert	son	15	TN	TN	NC	
	Cable, Mary	daughter	7	TN	TN	TN	
45	Cable, Catherine	head	71	TN	TN	TN	
46	Cable, Arthur	head	47	TN	TN	TN	farmer
	Cable, Trula	wife	38	NC	NC	NC	
	Cable, Kermit	son	19	TN	TN	NC	laborer farm
	Cable, Ronald	son	16	TN	TN	NC	laborer farm
	Cable, Haskel	son	14	TN	TN	NC	
	Cable, Ella Mae	daughter	13	TN	TN	NC	
	Cable, Beatrice	daughter	10	TN	TN	NC	
	Cable, Gladys	daughter	7	TN	TN	NC	
	Cable, Dennis	son	6	TN	TN	NC	
	Cable, Hollis	son	4	TN	TN	NC	
47	Snyder, Alex Monroe	head	60	TN	TN	TN	farmer
	Snyder, Cara	wife	54	KY	KY	KY	
	Snyder, John	son	17	TN	TN	KY	laborer farm
	Snyder, Dorthea	daughter	15	TN	TN	KY	
	Snyder, Paul	son	13	TN	TN	KY	
	Snyder, Dayton	son	11	TN	TN	KY	
48	Stanton, Conley	head	32	TN	TN	TN	farmer
	Stanton, Mary	wife	28	TN	TN	TN	
	Stanton, Alice	daughter	6	TN	TN	TN	
	Stanton, Charlie	son	4	TN	TN	TN	
	Stanton, Daisy	daughter	3	TN	TN	TN	

Family #	Name	Relation	Age	I	F	M	Occupation
	Stanton, Sarah	daughter	2	TN	TN	TN	
	Stanton, Orda	daughter	0	TN	TN	TN	
49	Snyder, John Lemuel	head	58	TN	TN	TN	farmer
	Snyder, Daisy	wife	48	TN	TN	TN	
	Snyder, Burnice	son	18	TN	TN	TN	
	Snyder, Wade	son	15	TN	TN	TN	
	Snyder, Nina	daughter	9	TN	TN	TN	
	Snyder, Ernest	son	7	TN	TN	TN	
50	Snyder, Glen	head	23	TN	TN	TN	farmer
	Snyder, Polly	wife	22	TN	NC	TN	
	Snyder, Frances	daughter	0	TN	TN	TN	
51	Baker, Alex M.	head	62	TN	TN	TN	farmer
	Baker, Edna	wife	57	TN	TN	TN	
	Baker, Daniel B.	father	86	TN	TN	TN	
	Baker, Sarah	mother	82	TN	TN	TN	
	Sims, Ermmen	servant	52	TN	NC	TN	servantprivatefamily
52	Davenport, Jacob	head	45	TN	NC	TN	farmer
	Davenport, Emma	wife	43	NC	NC	NC	
	Davenport, Howard	son	19	TN	TN	NC	laborer farm
	Davenport, Ernest	son	17	TN	TN	NC	laborer farm
	Davenport, Mary	daughter	12	TN	TN	NC	
	Davenport, Demple	daughter	10	TN	TN	NC	
	Davenport, Mandy	daughter	7	TN	TN	NC	
	Davenport, Sarah	daughter	4	TN	TN	NC	
	Davenport, Eunice	daughter	1	TN	TN	NC	
53	Stanton, Casper C.	head	63	TN	NC	TN	farmer
	Stanton, Alice	wife	57	TN	TN	TN	
	Stanton, Kemp	son	21	TN	TN	TN	laborer farm
54	Bunton, Edward	head	29	TN	TN	TN	farmer
	Bunton, Danford	wife	27	TN	TN	TN	
	Bunton, Ruth	daughter	6	TN	TN	TN	
	Bunton, Kemp	son	2	TN	TN	TN	
55	Hodge, Jacob	head	35	NC	TN	NC	laborer odd jobs
	Hodge, Ethel	wife	35	TN	TN	TN	
	Hodge, Lee	son	15	TN	NC	TN	
	Hodge, Clyde	son	13	TN	NC	TN	
	Hodge, Louise	daughter	11	TN	NC	TN	
	Hodge, Bert	son	9	TN	NC	TN	
	Hodge, Bonnie	daughter	4	TN	NC	TN	
56	Wilson, Zedrick	head	69	TN	TN	TN	farmer
	Wilson, Ella	wife	51	TN	TN	TN	
57	Dugger, John A.	head	58	TN	TN	TN	farmer
	Dugger, Ivalea	wife	54	TN	TN	TN	
	Dugger, Fred	son	19	TN	TN	TN	laborer farm

Family #	Name	Relation	Age	I	F	M	Occupation
	Dugger, Molly	daughter	17	TN	TN	TN	
	Dugger, Mark	son	15	TN	TN	TN	
	Dugger, Norman	son	12	TN	TN	TN	
58	Dugger, Ray	head	34	TN	TN	TN	laborer farm
	Dugger, Mae	wife	20	TN	TN	KY	
59	Anderson, Don	head	31	TN	TN	TN	farmer
	Anderson, Flossie	wife	32	TN	TN	TN	
	Anderson, Hollis	son	3	TN	TN	TN	
	Anderson, Ola Mae	daughter	1	TN	TN	TN	
	Anderson, Thomas B.	father	72	TN	TN	TN	
60	Wilson, Charlie	head	33	TN	TN	TN	laborer farm
	Wilson, Bonnie	wife	27	TN	TN	TN	
	Wilson, Farrell	son	5	TN	TN	TN	
	Wilson, Loyd	son	1	TN	TN	TN	
61	Arnold, Alex	head	27	TN	TN	TN	farmer
	Arnold, Edna	mother (wd)	57	TN	NC	TN	
	Arnold, Louise	sister	23	TN	TN	TN	
	Arnold, Fred	brother	16	TN	TN	TN	
	Davenport, Nellie	aunt	48	TN	TN	TN	
repeat 61	Dugger, James C.	head	59	TN	TN	TN	farmer
	Dugger, Ordia	wife	44	TN	TN	NC	
	Dugger, Ethel	daughter	25	TN	TN	TN	publicschoolteacher
	Dugger, Loretta	daughter	21	TN	TN	TN	publicschoolteacher
	Dugger, Folk	son	18	TN	TN	TN	
	Dugger, Davis	son	11	TN	TN	TN	
	Dugger, James	father (wd)	86	TN	TN	TN	
62	Tester, William	head	43	TN	TN	TN	merchant gro store
	Tester, Hannah	wife	45	TN	NC	TN	
63	Tester, Raleigh	head	37	TN	TN	TN	farmer
	Tester, Celia	wife	42	TN	NC	TN	
	Tester, Haskel	son	15	TN	TN	TN	
	Tester, Coolidge	son	9	TN	TN	TN	
64	Tester, Spurgeon	head	36	TN	TN	TN	farmer
	Tester, Fronia	wife	36	NC	NC	NC	
	Tester, Beatrice	daughter	13	TN	TN	NC	
	Tester, Marie	daughter	11	TN	TN	NC	
	Tester, Robert	father	78	TN	TN	TN	
65	Daugherty, Frank C.	head	53	TN	TN	NC	farmer
	Daugherty, Lillian	wife	47	TN	TN	TN	
	Daugherty, Thomas	son	9	TN	TN	TN	
	Daugherty, F.C.	son	7	TN	TN	TN	
	King, Aleen	step daughter	24	TN	TN	TN	
66	Tester, William Mack	head	56	TN	TN	TN	farmer
	Tester, Mina	wife	56	NC	NC	NC	

Family #	Name	Relation	Age	I	F	M	Occupation
	Tester, Ira	son	21	NC	TN	NC	laborer railroad
	Tester, Claude	son	16	NC	TN	NC	
	Tester, Dorothea	daughter	10	NC	TN	NC	
	Tester, Eunice	step daughter	10	NC	NC	NC	
	Tester, Minnie	dau in law	18	TN	NC	TN	
67	Tester, Roscoe C.	head	27	NC	TN	NC	farmer
	Tester, Roxie	wife	23	TN	TN	TN	
	Tester, Vernica	daughter	1	TN	NC	TN	
68	Gregg, L. M.	head	64	TN	TN	TN	farmer
	Gregg, Cordelia	wife	58	TN	TN	TN	
	Gregg, Martha	daughter	23	TN	TN	TN	
	Gregg, Elsie	daughter	11	TN	TN	TN	
	Gregg, Kenneth	grson	3	TN	TN	TN	
69	Dellinger, Thomas	head	49	NC	NC	NC	farmer
	Dellinger, Dollie	wife	40	TN	TN	TN	
	Dellinger, Joseph	son	15	TN	NC	TN	
	Dellinger, Edward	son	12	TN	NC	TN	
	Dellinger, Maud	daughter	4	TN	NC	TN	
	Dellinger, Amos	son	2	TN	NC	TN	
	Keller, Spencer	nephew	17	NC	NC	NC	laborer farm
repeat 69	McCloud, Charlie	head	45	TN	TN	TN	farmer
	McCloud, Ara	wife	36	TN	TN	TN	
	McCloud, Crystal	daughter	12	TN	TN	TN	
	McCloud, Ellis	son	8	TN	TN	TN	
	McCloud, George	son	4	TN	TN	TN	
	McCloud, Maxine	daughter	1	TN	TN	TN	
70	Bunton, James	head	29	TN	TN	NC	farmer
	Bunton, Bertha	wife	25	TN	TN	NC	
	Bunton, Mary	daughter	0	TN	TN	TN	
71	Bunton, Frank	head	24	TN	TN	TN	farmer
	Bunton, Pearl	wife	21	TN	TN	TN	
	Bunton, Scott	son	4	TN	TN	TN	
	Bunton, Martha	daughter	3	TN	TN	TN	
	Bunton, Asa	son	1	TN	TN	TN	
72	Dugger, Bettie	head (wd)	39	TN	TN	NC	farmer
	Dugger, Glenn	son	17	TN	TN	TN	laborer farm
	Dugger, Selma	daughter	15	TN	TN	TN	
	Dugger, Dayton	son	13	TN	TN	TN	
	Dugger, Carl	son	11	TN	TN	TN	
	Dugger, Pearl	daughter	9	TN	TN	TN	
	Dugger, Hassie	daughter	5	TN	TN	TN	
	Dugger, Wilma	daughter	0	TN	TN	TN	
73	Holloway,Robert Austin	head	52	TN	TN	TN	farmer
	Holloway, Lou	wife	45	TN	TN	TN	

Family #	Name	Relation	Age	I	F	M	Occupation
	Holloway, William France	son	21	TN	TN	TN	laborer farm
	Holloway, Elsie	dau in law	26	TN	TN	TN	
	Holloway, Wm.Ernest	grson	1	TN	TN	TN	
74	McCloud, Bessie	head	26	TN	TN	TN	farmer
	McCloud, Darlene	daughter	6	KY	TN	TN	
	McCloud, Robert	son	5	KY	TN	TN	
75	Wagner, Arthur B.	head	39	TN	TN	TN	farmer
	Wagner, Eula	wife	33	TN	TN	TN	
	Wagner, Haggard	son	12	TN	TN	TN	
	Wagner, Vaught	son	9	TN	TN	TN	
	Wagner, Mary Kate	daughter	2	TN	TN	TN	
	Wagner, Margaret	mother	61	TN	TN	TN	
76	Gregg, Joseph	head	61	TN	NC	TN	farmer
	Gregg, Martha	wife	52	TN	TN	TN	
	Gregg, Thomas	son	27	TN	TN	TN	laborer farm
	Gregg, Maud	daughter	17	TN	TN	TN	
	Sheffield, Boyd	boarder	22	TN	TN	TN	laborer farm
77	Gregg, Spencer	head	23	TN	TN	TN	farmer
	Gregg, Mary	wife	16	TN	TN	TN	
78	Ward, Wiley	head	30	TN	TN	TN	publicschoolteacher
	Ward, Nellie	wife	24	TN	TN	TN	publicschoolteacher
	Ward, Mary	daughter	1	TN	TN	TN	
	Riggins, May	servant	22	TN	NC	NC	servantprivatefamily
79	Lineback, Henry Ben	head	41	TN	TN	TN	merchant gen store
	Lineback, Mary	wife	36	VA	VA	VA	
	Lineback, Kathleen	daughter	11	WV	TN	VA	
	Lineback, Bill	son	8	WV	TN	VA	
	Lineback, Charlotte	daughter	0	TN	TN	VA	
80	Anderson,John (Jack)	head	41	TN	TN	TN	farmer
	Anderson, Alice	wife	34	TN	TN	TN	
	Anderson, Theodore	son	9	TN	TN	TN	
	Anderson, Arley Blaine	son	8	TN	TN	TN	
	Anderson, Va. Blanch	daughter	5	TN	TN	TN	
81	Anderson, Charlie F.	head	35	TN	TN	TN	farmer
	Anderson, Altie	wife	26	KY	TN	TN	
	Anderson, Inez	daughter	4	TN	TN	TN	
	Anderson, Norman	son	4	TN	TN	TN	
82	Dugger, Sol	head	63	TN	TN	GA	farmer
	Dugger, Susie	wife	61	TN	TN	TN	
	Dugger, Myrtie	daughter	32	TN	TN	TN	
	Dugger, Novil Ben	son	29	TN	TN	TN	
	Dugger, Boyd	son	24	TN	TN	TN	laborer farm
	Dugger, Junie	dau in law	23	TN	TN	TN	
	Dugger, Ralph	nephew	4	TN	TN	TN	

Family #	Name	Relation	Age	I	F	M	Occupation
	Dugger, Hubert	nephew	2	TN	TN	TN	
	Bowman, Dave	nephew	20	TN	TN	TN	laborer farm
83	Dugger, Rhudy	head	26	TN	TN	TN	farmer
	Dugger, Lillie	wife	21	TN	TN	TN	
	Dugger, Herman	son	5	TN	TN	TN	
	Dugger, Ray	son	3	TN	TN	TN	
84	Dugger, Ben	head	35	TN	TN	TN	farmer
	Dugger, Lockie	wife	37	TN	TN	TN	
	Dugger, Lucy	daughter	16	TN	TN	TN	
	Dugger, Crete	daughter	12	TN	TN	TN	
	Dugger, Alfred Clay	son	8	TN	TN	TN	
	Dugger, Susie	daughter	5	TN	TN	TN	
85	Gilbert, Francis	head (wd)	39	TN	NC	TN	laundry private fam
	Gilbert, Fred	son	8	TN	TN	TN	
	Gilbert, Loyd	son	7	TN	TN	TN	
86	Cable, Jake	head	59	NC	NC	NC	farmer
	Cable, Delia	wife	47	TN	TN	TN	
	Cable, Sallie	daughter	22	TN	NC	TN	
	Cable, Rosa	daughter	14	TN	NC	TN	
	Cable, David	son	12	TN	NC	TN	
	Cable, Lois	daughter	9	TN	NC	TN	
	Cable, Lillian	daughter	5	TN	NC	TN	
	Cable, James	grson	0	TN	NC	TN	
87	Diggs, Joseph	head	47	TN	TN	TN	barber
	Diggs, Lou	wife	33	TN	TN	TN	
	Diggs, Fred	son	15	TN	TN	TN	
	Diggs, Loyd	son	9	TN	TN	TN	
	Diggs, Paul	son	7	TN	TN	TN	
	Diggs, Lorraine	daughter	5	TN	TN	TN	
	Diggs, Thurman	son	2	TN	TN	TN	
88	Holden, Arthur	head	25	TN	TN	TN	farmer
	Holden, Crete	wife	20	TN	TN	TN	
	Holden, Gladys	daughter	2	TN	TN	TN	
	Holden, Glenn	son	1	TN	TN	TN	
	Cable, John (Uncle John)	boarder (wd)	70	TN	TN	TN	
	Cable, Willie (Wid)	boarder	16	TN	TN	TN	
89	Cable, William	head	60	TN	TN	TN	
	Cable, Ella Anderson	wife	53	TN	TN	TN	
	Cable, Dewey	son	30	TN	TN	TN	farmer
	Cable, Delores (Dee)	daughter	15	TN	TN	TN	
	Cable, Alma	daughter	11	TN	TN	TN	
	Cable, Alta	daughter	11	TN	TN	TN	
	Cable, Frances Charlene	grdaughter	0	TN	TN	TN	
	Irick, Arthur	grson	7	TN	TN	TN	

Family #	Name	Relation	Age	I	F	M	Occupation
90	Potter, John	head	36	TN	TN	TN	farmer
	Potter, Ordia	wife	26	TN	TN	TN	
	Potter, Harold	son	7	TN	TN	TN	
	Potter, Bernice (Essie)	daughter	5	TN	TN	TN	
91	Dugger, Mary	head (wd)	67	TN	TN	TN	
	Dugger, Dan	son	30	TN	TN	TN	farmer
	Dugger, Frank	son	26	TN	TN	TN	farmer
	Dugger, Jean	daughter	24	TN	TN	TN	
	Dugger, Verdie	dau in law	21	TN	TN	TN	
	Dugger, Teddy	grson	3	TN	TN	NC	
	Dugger, Norman	grson	2	TN	TN	NC	
92	Dugger, James	head	32	TN	TN	TN	farmer
	Dugger, Maria	wife	30	TN	TN	TN	
	Dugger, Howard	son	3	TN	TN	TN	
93	Trivette, James	head	50	TN	TN	NC	farmer
	Trivette, Buna	wife	35	TN	TN	NC	
	Trivette, Hazel	daughter	10	TN	TN	TN	
	Trivette, Fred	son	8	TN	TN	TN	
94	Potter, General Logan	head	32	TN	TN	NC	farmer
	Potter, Ethel	wife	35	TN	NC	TN	
	Potter, Lionell	son	5	TN	TN	TN	
	Potter, Mary	daughter	2	TN	TN	TN	
	Isaacs, Caroline	motherinlaw	70	TN	TN	TN	
95	Guinn, Samuel	head	30	TN	TN	TN	farmer
	Guinn, Eula	wife	30	TN	TN	TN	
	Guinn, R.L.	son	9	TN	TN	TN	
	Guinn, J.D.	son	6	TN	TN	TN	
	Guinn, Lasco	son	3	TN	TN	TN	
	Guinn, Novella	daughter	1	TN	TN	TN	
96	Dugger, Robert W.	head	55	TN	TN	NC	farmer
	Dugger, Melinda	wife	50	TN	TN	TN	
	Dugger, Nancy O.M.	mother (wd)	88	NC	NC	NC	
	Vines, Thomas	fatherinlaw	69	TN	TN	TN	
	Dugger, Elva	niece	6	TN	TN	TN	
97	Watson, Eliza	head (wd)	61	TN	TN	TN	farmer
	Watson, Daniel	son (wd)	33	TN	TN	TN	laborer farm
	Watson, Ruby	grdaughter	9	TN	TN	NC	
	Watson, Gladys	grdaughter	5	TN	TN	NC	
98	Gregg, Hattie	head (wd)	53	TN	TN	TN	farmer
	Reece, Dovie	daughter(wd)	26	TN	TN	TN	
	Dugger, Dalton	son	19	TN	TN	TN	laborer farm
	Reece, Edith	grdaughter	7	TN	NC	TN	
	Reece, Wanda K.	grdaughter	2	TN	NC	TN	
99	Gregg, Clinton Rex	head	28	TN	TN	TN	farmer

Family #	Name	Relation	Age	I	F	M	Occupation
	Gregg, Dessie	wife	26	TN	TN	TN	
	Gregg, Thurston	son	1	TN	TN	TN	
100	Potter, Sherman	head	69	TN	TN	TN	farmer
	Potter, Rebecca	wife	69	NC	NC	NC	
	Potter, Phillip	son	31	TN	TN	NC	laborer farm
	Potter, Mary	dau in law	21	TN	TN	TN	
	Clawson, Frances	niece	14	TN	TN	TN	
101	Moody, Tom	head	43	TN	TN	TN	farmer
	Moody, Manda	wife	42	TN	TN	TN	
	Cable, Ruby	house guest	20	TN	TN	NC	
102	Hicks, Adam	head	69	NC	NC	NC	farmer
	Hicks, Vergie	wife	49	TN	TN	NC	
	Hicks, Howard	son	19	TN	TN	TN	laborer farm
	Hicks, Ralph	son	12	TN	TN	TN	
103	Harmon, Martin	head	41	NC	NC	NC	farmer
	Harmon, Zenia	wife	39	NC	NC	NC	
	Harmon, Louvina	daughter	20	NC	NC	NC	
	Harmon, Odell	daughter	17	TN	NC	NC	
	Harmon, Mary	daughter	15	TN	NC	NC	
	Harmon, Stacy	son	10	TN	NC	NC	
	Harmon, Kenneth	son	7	TN	NC	NC	
	Harmon, Arlis	son	5	TN	NC	NC	
104	Lunceford, David	head	35	TN	TN	TN	laborer lumber co
	Lunceford, Cany	wife	33	TN	TN	TN	
	Lunceford, Virginia	daughter	12	TN	TN	TN	
	Lunceford, Ethel	daughter	8	TN	TN	TN	
	Lunceford, Allen	son	4	TN	TN	TN	
	Lunceford, Bruce	son	2	TN	TN	TN	
105	Dugger, Abbie	head	34	TN	TN	TN	laundry private fam
	Dugger, Parlee	daughter	13	TN	TN	TN	
	Dugger, Beatrice	daughter	5	TN	NC	TN	
106	Anderson, Vicie	head (wd)	54	TN	TN	TN	farmer
	Anderson, Chloe	daughter	18	TN	TN	TN	
	Anderson, Chastine	daughter	10	TN	TN	TN	
107	Dugger, John Ham	head	55	TN	TN	TN	farmer
	Dugger, Rebecca	wife	27	TN	TN	TN	
	Dugger, Warren	son	9	TN	TN	TN	
	Dugger, Bettie	daughter	5	TN	TN	TN	
	Dugger, William	son	1	TN	TN	TN	
108	Pearson, Claude	head	35	TN	TN	TN	farmer
	Pearson, Bessie	wife	31	TN	TN	TN	
	Pearson, Wayne	son	15	TN	TN	TN	
	Pearson, Elmer	son	13	TN	TN	TN	
	Pearson, Lawrence	son	10	TN	TN	TN	

Family #	Name	Relation	Age	I	F	M	Occupation
	Pearson, Nellie	daughter	9	TN	TN	TN	
	Pearson, Junior	son	6	TN	TN	TN	
	Pearson, Marie	daughter	5	TN	TN	TN	
	Pearson, Catherine Inez	daughter	1	TN	TN	TN	
	Dugger, Catherine	motherinlaw	72	TN	TN	TN	
109	Brown, James	head	52	NC	NC	NC	farmer
	Brown, Stella	wife	50	NC	NC	VA	
	Brown, Shirlia	son	18	NC	NC	NC	laborer farm
	Brown, Stanley	son	17	NC	NC	NC	
	Brown, Eva	daughter	9	TN	NC	NC	
	Brown, R.V.	son	7	TN	NC	NC	
110	Watson, Thomas	head	39	TN	TN	TN	laborer farm
	Watson, Leckie	wife	32	TN	NC	TN	
	Watson, Kate	daughter	3	TN	TN	TN	
111	Phillips, Cornelius(Neil)	head	38	NC	NC	NC	farmer
	Phillips, Hester	wife	36	TN	TN	TN	
	Phillips, Elmer	son	14	TN	NC	TN	
	Phillips, Dayton	son	13	TN	NC	TN	
	Phillips, Ernest	son	11	TN	NC	TN	
	Phillips, Maxine	daughter	9	TN	NC	TN	
	Phillips, Charles	son	7	TN	NC	TN	
	Phillips, Irene	daughter	5	TN	NC	TN	
	Phillips, Thomas	son	2	TN	NC	TN	
112	Payne, Dana	head	32	TN	TN	TN	farmer
	Payne, Sarah	wife	26	NC	NC	NC	
	Payne, Ross	son	7	TN	TN	NC	
	Payne, Winnie	daughter	4	TN	TN	NC	
	Payne, Nell	daughter	1	TN	TN	NC	
113	Payne, Molly	head (wd)	60	TN	TN	TN	farmer
	Holloway, Opal	grdaughter	14	TN	TN	TN	
114	Payne, Joseph	head	28	TN	TN	TN	farmer
	Payne, Mary	wife	27	NC	NC	NC	
	Payne, Arlie	son	7	TN	TN	NC	
	Payne, Gladys	daughter	4	TN	TN	NC	
	Payne, Bonnie	daughter	1	TN	TN	NC	
115	Dickins, Manuel D.	head	44	TN	NC	NC	farmer
	Dickins, Sarah	wife	50	TN	TN	TN	
	Dickins, Bob	son	18	TN	TN	TN	
	Dickins, Billy	son	15	TN	TN	TN	
	Dickins, Pamadore	son	12	TN	TN	TN	
	Dickins, Arthur	son	7	TN	TN	TN	
	Dickins, Cabel	son	6	TN	TN	TN	
116	Tester, James M.	head	36	TN	TN	NC	farmer
	Tester, Arizona	wife	35	TN	TN	TN	

Family #	Name	Relation	Age	I	F	M	Occupation
	Tester, James	son	9	TN	TN	TN	
	Tester, Eunice	daughter	7	TN	TN	TN	
117	Stansberry, Newton	head	37	NC	NC	NC	farmer
	Stansberry, Lockie	wife	38	TN	TN	TN	
	Stansberry, Edith	daughter	12	TN	NC	TN	
	Stansberry, Ellis	son	10	TN	NC	TN	
	Stansberry, Luther	son	8	TN	NC	TN	
	Stansberry, Ulas	son	5	TN	NC	TN	
	Stansberry, Hyder	son	1	TN	NC	TN	
118	Anderson, Earl	head	20	TN	TN	TN	farmer
	Anderson, Estel	wife	18	TN	TN	TN	
	Anderson, Gladys	daughter	0	TN	TN	TN	
	Anderson. Lucinda	mother	61	TN	NC	TN	
119	Moody,Wm. R. (Will)	head	50	TN	TN	TN	farmer
	Moody, Margaret	wife	45	TN	NC	TN	
	Moody, Eva	daughter	16	TN	TN	TN	
	Moody, Edward	son	13	TN	TN	TN	
	Moody, Texie	daughter	8	TN	TN	TN	
	Bowman, Ida	daughter	22	TN	TN	TN	
	Bowman, Lee	son in law	18	NC	NC	NC	laborer farm
120	Anderson, Sarah	head (wd)	27	NC	NC	NC	farmer
	Anderson, Archie	son	9	TN	TN	NC	
	Anderson, Dayton	son	3	TN	TN	NC	
	McCloud, Mary	mother	49	NC	NC	NC	
121	Dugger, John	head	51	TN	TN	TN	farmer
	Snyder, Mary	aunt (wd)	68	TN	TN	TN	
	Dean, Hobart	cousin	29	TN	TN	TN	laborer farm
	Dean, Flossie	cousin	27	TN	TN	NC	
	Dean, Vaughn	cousin	6	TN	TN	TN	
	Dean, Maxine	cousin	3	TN	TN	TN	
	Dean, Joseph	cousin	1	TN	TN	TN	
122	Guy, Henry	head	45	NC	NC	NC	farmer
	Guy, Leona	wife	40	TN	TN	TN	
	Guy, Spencer	son	18	TN	NC	TN	laborer farm
	Guy, Julia,	daughter	15	TN	NC	TN	
	Guy, Eliza	daughter	13	TN	NC	TN	
	Guy, Roby	son	10	TN	NC	TN	
	Guy, Belle	daughter	6	TN	NC	TN	
	Guy, Mabel	daughter	4	TN	NC	TN	
	Guy, Pauline	daughter	1	TN	NC	TN	
	Dugger, Paul	nephew	17	TN	TN	TN	
123	Cowan, Ezra O.	head	55	TN	NC	TN	farmer
	Cowan, Fronia	wife	53	NC	NC	NC	
	Cowan, Georgia	daughter	25	TN	TN	NC	

Family #	Name	Relation	Age	I	F	M	Occupation
	Cowan, Wiley	son	20	TN	TN	NC	laborer farm
	Cowan, Hazel	daughter	16	TN	TN	NC	
	Cowan, Lucy	daughter	13	TN	TN	NC	
	Cowan, Aleen	grdaughter	7	TN	TN	TN	
	Greenwell, Bruce	grson	9	TN	TN	TN	
124	Flannery, Joseph	head	28	NC	NC	VA	laborer farm
	Flannery, Matilda	wife	27	TN	TN	TN	
	Flannery, Anna	daughter	6	TN	NC	TN	
	Flannery, Ray	son	4	TN	NC	TN	
	Flannery, Juanita	daughter	1	TN	NC	TN	
125	Greenwell, John	head	57	TN	NC	TN	farmer
	Greenwell, Elmina	wife	55	TN	TN	TN	
	Greenwell, Mae	daughter	17	TN	TN	TN	
	Greenwell, Ruby	daughter	15	TN	TN	TN	
	Greenwell, Woodrow	son	13	TN	TN	TN	
	Greenwell, Lizzie	daughter	10	TN	TN	TN	
126	Burton. Millard Scott	head	47	TN	TN	TN	farmer
	Burton, Rebecca	wife	48	TN	TN	TN	
	Burton, Paul	son	24	TN	TN	TN	
	Burton, Martha	daughter	18	TN	TN	TN	
	Burton, Dovie	daughter	16	TN	TN	TN	
	Burton, Rosa	daughter	14	TN	TN	TN	
	Burton, Minnie	dau in law	26	TN	TN	TN	
127	Dugger, Elias	head	53	TN	NC	TN	farmer
	Dugger, Lucretia	wife	47	TN	NC	NC	
	Dugger, Milda	daughter	24	TN	TN	TN	
	Dugger, Warren	son	23	TN	TN	TN	laborer farm
	Dugger, Wallace	son	20	TN	TN	TN	
	Dugger, Eunice	daughter	18	TN	TN	TN	
	Dugger, Haynes	son	8	TN	TN	TN	
	Dugger, Corby	grson	0	TN	NC	TN	
128	Reece, William	head	75	TN	NC	NC	farmer
	Reece, Amanda	wife	73	TN	TN	NC	
129	Bunton, Dove	head (wd)	53	NC	NC	NC	farmer
	Bunton, Doran	son	18	TN	TN	NC	
	Bunton, Nancy	daughter	16	TN	TN	NC	
	Bunton, Odell	daughter	14	TN	TN	NC	
	Bowman, Annie	grdaughter	5	TN	NC	TN	
	Dugger, Eliza	motherinlaw	67	TN	TN	TN	
130	Cowan, Nancy	head	62	TN	NC	TN	farmer
	Cowan, Von Ray	son	22	TN	TN	NC	laborer farm
	Dean, Ernest	nephew	9	TN	TN	TN	
131	Payne, Spencer	head	20	TN	TN	TN	laborer farm
	Payne, Martie	wife	21	NC	NC	NC	

Family #	Name	Relation	Age	I	F	M	Occupation
	Payne, Ruth	daughter	1	TN	TN	NC	
132	Payne, Marion	head	47	TN	TN	TN	farmer
	Payne, Sallie	wife	45	TN	TN	TN	
	Payne, Verdie	daughter	13	TN	TN	TN	
	Payne, Docas	son	11	TN	TN	TN	
	Payne, Bruce	son	9	TN	TN	TN	
	Payne, Rex	son	7	TN	TN	TN	
	Taylor, Walt	son in law	19	TN	TN	TN	laborer farm
	Taylor, Mae	daughter	19	TN	TN	TN	
133	Moody, Samuel	head	31	TN	TN	TN	farmer
	Moody, Ruth	wife	25	TN	TN	TN	
	Moody, Benjamin	father	72	TN	TN	TN	
134	Bunton, Robert	head	52	TN	TN	TN	farmer
	Bunton, Nancy	wife	46	NC	NC	NC	
	Bunton, Thomas	son	19	TN	TN	NC	laborer farm
	Bunton, Ercel	daughter	17	TN	TN	NC	
	Bunton, Cora	daughter	13	TN	TN	NC	
	Bunton, Fannie	daughter	11	TN	TN	NC	
	Bunton, Joseph	son	8	TN	TN	NC	
	Bunton, Carroll	son	7	TN	TN	NC	
	Bunton, Margaret	daughter	5	TN	TN	NC	
135	Wolfe, William M.	head	35	TN	TN	TN	farmer
	Wolfe, Roberta	wife	33	TN	TN	TN	
	Wolfe, Agatha	daughter	12	TN	TN	TN	
	Wolfe, Joseph	son	10	TN	TN	TN	
	Wolfe, Lawrence	son	5	TN	TN	TN	
	Wolfe, William M. Jr.	son	3	TN	TN	TN	
	Wolfe, Lawrence	father	58	TN	NC	NC	
	Cowan, Margaret	motherinlaw	59	TN	NC	TN	

Tenth District enumeration ends here. Fourth District begins on next page.
Notes:

Family #	Name	Relation	Age	I	F	M	Occupation
4th District							
1	Nave, Charles M.	head	44	TN	TN	TN	postmaster
	Nave, Minnie	wife	39	TN	TN	TN	
	Nave, Nell	daughter	22	TN	TN	TN	publicschoolteacher
	Nave, Charles	son	11	TN	TN	TN	
2	Snyder, James D.	head	45	TN	TN	TN	laborer rail road
	Snyder, Jennie	wife	44	NC	NC	NC	
	Snyder, Elsie	daughter	18	TN	TN	NC	
	Snyder, Hollie	daughter	13	TN	TN	NC	
	Scott, Mollie	aunt (wd)	78	TN	TN	TN	
3	Grindstaff, Roby L.	head	34	NC	TN	TN	farmer
	Grindstaff, Hannah	wife	26	TN	TN	TN	
	Grindstaff, Evadna	daughter	7	TN	TN	TN	
	Grindstaff, Joel	son	4	TN	TN	TN	
	Grindstaff, Dana	son	1	TN	TN	TN	
4	Stansberry, Harrison	head	42	NC	NC	NC	farmer
	Stansberry, Jessie	wife	40	TN	TN	TN	
	Stansberry, D.L. (Dan)	son	10	TN	NC	TN	
	Stansberry, Rebecca	daughter	8	TN	NC	TN	
	Stansberry, Vadie	daughter	6	TN	NC	TN	
	Stansberry, David	son	3	TN	NC	TN	
	Stansberry, Elsie	daughter	1	TN	NC	TN	
5	Grindstaff,AmosDaniel	head	36	TN	TN	TN	farmer
	Grindstaff, Lilly	wife	34	TN	TN	TN	
	Grindstaff, Donald	son	12	TN	TN	TN	
	Grindstaff, Ruth	daughter	11	TN	TN	TN	
	Grindstaff, Hazel	daughter	9	TN	TN	TN	
	Grindstaff, Robert	son	7	TN	TN	TN	
	Grindstaff, Rosa	daughter	4	TN	TN	TN	
	Grindstaff, A.D. Jr.	son	2	TN	TN	TN	
6	Slimp, Joe	head	39	TN	TN	TN	salesman insurance
	Slimp, Rilla B.	wife	39	NC	NC	NC	
	Slimp, Alma	daughter	14	TN	TN	NC	
	Slimp, Carolyn	daughter	11	TN	TN	NC	
	Slimp, Barton	son	6	TN	TN	NC	
7	Slimp, John	head	39	TN	TN	TN	farmer
	Slimp, Maud	wife	33	TN	TN	TN	
	Slimp, James	son	7	TN	TN	TN	
	Slimp, Bascom	son	4	TN	TN	TN	
	Slimp, Effie	daughter	3	TN	TN	TN	
	Slimp, Mary	daughter	1	TN	TN	TN	
	Slimp, David	father	84	TN	TN	TN	

Family #	Name	Relation	Age	I	F	M	Occupation
repeat 7	Stout, Allen	head	52	TN	TN	TN	farmer
	Stout, Sarah	wife	50	TN	TN	TN	
	Stout, Charles A.	son	24	TN	TN	TN	publicschoolteacher
	Stout, Ada	daughter	22	TN	TN	TN	
	Stout, Lon	son	21	TN	TN	TN	laborer farm
	Stout, Mae	daughter	19	TN	TN	TN	
	Stout, Ida	daughter	16	TN	TN	TN	
	Stout, Ray	son	14	TN	TN	TN	
8	Ward, Fannie	head (wd)	55	TN	TN	TN	
	Ward, James D.	son	27	TN	TN	TN	publicschoolteacher
	Ward, Kate	daughter	23	TN	TN	TN	publicschoolteacher
	Ward, Sam P.	son	19	TN	TN	TN	
9	Davis, Wiley T.	head	69	Tn	VA	TN	farmer
	Davis, Nancy	wife	69	TN	TN	TN	
	Wagner, Delmas D.	grson	21	TN	TN	TN	laborer farm
10	Reece, Hiram	head	41	TN	TN	TN	farmer
	Reece, Mattie	wife	41	TN	TN	TN	
11	Wagner, Tice	head	50	TN	TN	TN	farmer
	Wagner, Addie	wife	48	TN	TN	TN	
	Wagner, Hattie	daughter	23	TN	TN	TN	
	Wagner, Maud	daughter	20	TN	TN	TN	
	Wagner, Nell	daughter	15	TN	TN	TN	
	Wagner, Claude	son	12	TN	TN	TN	
	Reece, Mack	grson	5	TN	TN	TN	
12	Clark, Silas	head	75	TN	NC	TN	farmer
	Clark, Birtha	wife	64	TN	NC	TN	
13	Hackney, Thomas G.	head	54	TN	TN	NC	farmer
	Hackney, Edith	wife	37	TN	TN	TN	
	Hackney, Thomas G. Jr.	son	12	TN	TN	TN	
	Hackney, Helen	daughter	11	TN	TN	TN	
	Hackney, Dyson W.	son	9	TN	TN	TN	
	Hackney, Joyce	son	8	TN	TN	TN	
	Hackney, Novel	daughter	4	TN	TN	TN	
	Hackney, Mamie	daughter	3	TN	TN	TN	
	Hackney, Wilburn B.	son	1	TN	TN	TN	
14	Wilson, Clyde W.	head	42	TN	TN	TN	veternarian
	Wilson, Dottie	wife	40	TN	TN	TN	
	Wilson, Ora W.	daughter	20	TN	TN	TN	
	Wilson, Paul L.	son	18	TN	TN	TN	farmer
	Wilson, Wayne W.	son	17	TN	TN	TN	
	Wilson, Howard H.	son	14	TN	TN	TN	
	Wilson, Jack	son	11	TN	TN	TN	
	Wilson, Harry R.	son	9	TN	TN	TN	
	Wilson, John Barton	son	8	TN	TN	TN	

Family #	Name	Relation	Age	I	F	M	Occupation
	Wilson, Ruby	daughter	6	TN	TN	TN	
15	Neatherly, Walter	head	46	TN	TN	TN	foreman railroad
	Neatherly, Ellen	wife	41	TN	TN	TN	
	Neatherly, Earl	daughter	22	TN	TN	TN	farmer
	Neatherly, Christine	daughter	18	TN	TN	TN	publicschoolteacher
	Neatherly, Marjorie	daughter	17	TN	TN	TN	
	Neatherly, Mabel	daughter	15	TN	TN	TN	
	Neatherly, Mary Jewel	daughter	9	TN	TN	TN	
	Neatherly, James R.	son	7	TN	TN	TN	
	Neatherly, Peggy	daughter	1	TN	TN	TN	
16	Tester, Fonzo	head	28	TN	TN	TN	farmer
	Tester, Dottie	wife	29	TN	TN	TN	
	Tester, Opal	daughter	8	TN	TN	TN	
	Tester, Alma	daughter	5	TN	TN	TN	
	Tester, Ellen	daughter	2	TN	TN	TN	
	Tester, Hoover	son	1	TN	TN	TN	
17	Briggs, Jasper	head	52	NC	NC	SC	laborer farm
	Briggs, Lois	wife	44	TN	TN	TN	
18	Arnold, Danny	head	35	TN	TN	TN	farmer
	Arnold, Caroline	mother	72	TN	TN	WV	
19	Walker, Vonnie	head	33	TN	TN	TN	laborer farm
	Walker, Carrilea	wife	32	TN	TN	TN	
	Walker, James	son	9	TN	TN	TN	
	Walker, Worley	son	7	TN	TN	TN	
20	Fritts, Brady	head	34	TN	TN	TN	merchant gen store
	Fritts, Cora	wife	33	TN	TN	TN	
	Fritts, Frances	daughter	12	TN	TN	TN	
21	Mock, James	head	60	TN	TN	TN	
	Mock, Rosa	wife	55	TN	TN	TN	
	Mock, Ella	daughter	22	TN	TN	TN	
	Mock, Maggie	daughter	18	TN	TN	TN	
22	Worley, Walter W.	head	54	TN	TN	NC	agent rail road
	Worley, Tallulah	wife	54	NC	NC	TN	
	Worley, Tom P.	son	18	TN	TN	NC	
	Worley, James	son	12	TN	TN	NC	
23	Tester, Clate	head	24	TN	TN	TN	laborer farm
	Tester, Sallie	wife	20	TN	TN	TN	
24	Vaught, Mary	head (wd)	40	TN	TN	TN	
	Vaught, Jessie	daughter	23	TN	TN	TN	
	Vaught, Conley	son	22	TN	TN	TN	farmer
	Vaught, Nell	daughter	18	TN	TN	TN	
	Vaught, Beulah	daughter	14	TN	TN	TN	
	Vaught, Toy	son	12	TN	TN	TN	
25	Mink, Jason	head	34	TN	TN	TN	electrician plant

Family #	Name	Relation	Age	I	F	M	Occupation
	Mink, Nina	wife	27	TN	TN	TN	
	Mink, Eulice	son	10	TN	TN	TN	
	Mink, Frazier	daughter	8	TN	TN	TN	
	Mink, Segeth	daughter	6	TN	TN	TN	
	Mink, Emmert	son	3	TN	TN	TN	
	Mink, Charles	son	2	TN	TN	TN	
26	Maze, John	head	23	TN	TN	TN	laborer farm
	Maze, June L.	wife	20	TN	TN	TN	
	Maze, Edward H.	son	3	TN	TN	TN	
	Maze, Thelma E.	daughter	1	TN	TN	TN	
27	Vaught, Raymond	head	39	TN	TN	TN	farmer
	Vaught, Gertrude	wife	33	TN	TN	VA	
	Vaught, Margaret	daughter	11	TN	TN	TN	
	Vaught, Nannie	daughter	8	TN	TN	TN	
	Vaught, Frances	daughter	5	TN	TN	TN	
	Vaught., Dale	son	3	TN	TN	TN	
	Vaught, Ella Mae	daughter	1	TN	TN	TN	
28	Vaught, Eveline	head (wd)	70	TN	TN	TN	
	Vaught, Lilly	daughter	43	TN	TN	TN	
29	Hawkins, Elbert	head	55	TN	TN	TN	farmer
	Hawkins, Lottie	wife	54	TN	TN	TN	
	Hawkins, Dean	son	17	TN	TN	TN	laborer farm
30	Hawkins, Will	head	32	TN	TN	TN	laborer farm
	Hawkins, Crathie	wife	30	NC	NC	TN	
	Hawkins, Paul	son	1	TN	TN	NC	
31	Wills, Rosa	head (wd)	55	TN	TN	TN	farmer
	Wills, Ray	son	27	TN	TN	TN	farmer
	Wills, Ruth	dau in law	21	TN	TN	TN	
32	Green, John B.	head	64	NC	NC	NC	farmer
	Green, Jennie	wife	62	TN	TN	TN	
	Green, Ray	son	22	TN	NC	TN	laborer farm
33	Davis, Robert D.	head	68	TN	VA	TN	miller
	Davis, Ellen	wife	64	TN	NC	TN	
34	Wagner, Alice	head (wd)	74	TN	TN	TN	farmer
	Dunn, Addie Lee	servant	14	TN	TN	TN	servantprivatefamily
35	McQueen, Thomas S.	head	40	TN	TN	TN	farmer
	McQueen, Ruth	wife	38	TN	TN	TN	
	McQueen, Norman	son	13	TN	TN	TN	
	McQueen, Louise	daughter	11	TN	TN	TN	
	McQueen, Sarafina	mother	68	TN	TN	TN	
36	Wagner, Nicholas	head	70	TN	TN	TN	farmer
	Wagner, Mary	wife	65	TN	TN	TN	
	Dunn, Polly	servant	18	TN	TN	TN	servantprivatefamily
37	Horne, Bob	head	31	TN	TN	TN	laborer farm

Family #	Name	Relation	Age	I	F	M	Occupation
	Horne, Susan	wife	27	TN	TN	TN	
	Horne, Bobby	son	6	TN	TN	TN	
	Horne, Hobert	son	3	TN	TN	TN	
	Horne, Robison	son	1	TN	TN	TN	
	Heaton, Ed	boarder	22	TN	TN	TN	laborer farm
38	Vaught, Jacob S.	head	72	TN	TN	TN	farmer
	Vaught, Callonia	wife	70	TN	TN	TN	
	Dunn, Polly	boarder	51	TN	TN	TN	
39	Snyder, Milton	head	31	TN	TN	TN	laborer farm
	Snyder, Pearl	wife	25	TN	TN	TN	
	Snyder, Billy	son	7	TN	TN	TN	
	Snyder, Chrissie	daughter	2	TN	TN	TN	
	Snyder, Donna	daughter	1	TN	TN	TN	
40	Vaught, Ellen	head	63	TN	TN	TN	postmaster
	Dunn, Jerommie	servant	19	TN	TN	TN	servantprivatefamily
41	Stephens, Julia	head (wd)	56	NC	NC	NC	farmer
	Stephens, Wagner B.	son	16	NC	NC	TN	laborer farm
42	Vaught, Charles	head	21	TN	TN	TN	laborer farm
	Vaught, Monica	wife	18	TN	TN	TN	
	Vaught, Abner	son	1	TN	TN	TN	
43	Davis, Joe	head	53	TN	VA	TN	dealer lumber
	Davis, Sarah	wife	50	TN	TN	TN	
44	McKinney, Robert	head (wd)	72	TN	TN	TN	farmer
	McKinney, Mae E.	daughter	45	TN	TN	TN	
	McKinney, Cecil	son	39	TN	TN	TN	laborer farm
	McKinney, Allen	son	34	TN	TN	TN	laborer farm
	McKinney, Nell	daughter	23	TN	TN	TN	
	Mains, Nell	servant	13	TN	TN	TN	servantprivatefamily
repeat 44	Davis, Elbert	head	35	TN	TN	TN	laborer farm
	Davis, Mattie	wife	32	TN	TN	TN	
	Davis, Fred	son	13	TN	TN	TN	
	Davis, Charles	son	11	TN	TN	TN	
45	Tester, Stanley	head	36	TN	TN	TN	laborer farm
	Tester, Sarah	wife	24	VA	VA	VA	
	Tester, Maggie	daughter	7	VA	TN	VA	
	Tester, Ruby	daughter	5	TN	TN	VA	
	Tester, Roy	son	3	TN	TN	VA	
	Tester, Susan	mother (wd)	65	TN	TN	TN	
	Tester, Julie	sister	45	TN	TN	TN	
46	Hawkins, John W.	head	69	TN	TN	TN	farmer
	Hawkins, Julia	wife	57	TN	TN	TN	
	Hawkins, Clyde	son	35	TN	TN	TN	farmer
	Hawkins, Hazel	dau in law	26	TN	TN	TN	
	Hawkins, Joseph	grson	7	TN	TN	TN	

Family #	Name	Relation	Age	I	F	M	Occupation
	Hawkins, Barton	grson	5	TN	TN	TN	
47	Hawkins, Wiley	head	20	TN	TN	TN	laborer farm
	Hawkins, Vada	wife	21	TN	TN	TN	
	Hawkins, Mary Colleen	daughter	1	TN	TN	TN	
48	Hawkins, Ada	head	33	TN	TN	TN	
	Hawkins, Anna Ruth	daughter	11	TN	TN	TN	
	Hawkins, Mount	son	9	TN	TN	TN	
	Hawkins, Arlene	daughter	2	TN	TN	TN	
49	Tester, Andrew	head	31	TN	TN	TN	farmer
	Tester, Ellen	wife	21	TN	TN	TN	
	Tester, Georgia	daughter	0	TN	TN	TN	
50	McKinney, Walter	head	41	TN	TN	TN	laborer farm
	McKinney, Norah	wife	28	TN	TN	TN	
51	Laws, Silas	head	21	TN	TN	TN	farmer
	Laws, Leoti	wife	20	TN	TN	TN	
	Laws, Jack	son	3	TN	TN	TN	
	Laws, Bettie	daughter	2	TN	TN	TN	
	Laws, Luke	brother	19	TN	TN	TN	laborer farm
	Laws, Don	brother	16	TN	TN	TN	
	Laws, Martha	sister	12	TN	TN	TN	
52	Cook, W. W.	head	49	NC	NC	NC	laborer farm
	Cook, Dora	wife	53	TN	TN	TN	
	Cook, Dorthy	daughter	12	TN	NC	TN	
	Cook, Glenn	son	9	TN	NC	TN	
	Burchett, James	step son	22	NC	TN	TN	laborer farm
	Burchett, Fred	step son	19	TN	TN	TN	laborer farm
	Burchett, Ethel	stepdaughter	17	TN	TN	TN	
53	Vaught, David	head	65	TN	TN	TN	farmer
	Vaught, Alice	wife	66	TN	TN	TN	
54	Courtner, John	head	37	TN	TN	TN	farmer
	Courtner, Mattie	wife	34	TN	TN	TN	
	Courtner, Blanch	daughter	14	TN	TN	TN	
	Courtner, Gladys	daughter	12	TN	TN	TN	
	Courtner, John Shelton	son	10	TN	TN	TN	
	Courtner, Carl	son	6	TN	TN	TN	
	Courtner, Ruth	daughter	4	TN	TN	TN	
	Courtner, Julia Kate	daughter	0	TN	TN	TN	
	Ward, John	fatherinlaw	76	TN	TN	TN	
55	Morefield, William	head	60	TN	TN	TN	farmer
	Morefield, Martha	wife	60	TN	TN	TN	
	Morefield, Conlay	son	24	TN	TN	TN	laborer farm
	Morefield, Nancy	dau in law	19	TN	TN	TN	
	Morefield, Danny	grson	0	TN	TN	TN	
56	Stout, Joe	head	57	TN	TN	TN	farmer

Family #	Name	Relation	Age	I	F	M	Occupation
	Stout, Nancy	wife	45	NC	TN	NC	
	Stout, Lessie Ann	daughter	23	TN	TN	NC	
	Stout, John Kelly	son	19	TN	TN	NC	laborer farm
	Stout, Marshall	son	15	TN	TN	NC	
	Stout, Grady	son	11	TN	TN	NC	
	Stout, Alice	daughter	7	TN	TN	NC	
57	Slimp, Charles	head	44	TN	TN	TN	farmer
	Slimp, Nettie	wife	42	TN	TN	TN	
	Slimp, Elsie	daughter	23	TN	TN	TN	publicschoolteacher
	Slimp, Venie	daughter	22	TN	TN	TN	
	Slimp, Arvel	son	17	TN	TN	TN	
	Slimp, Clytdie	daughter	14	TN	TN	TN	
	Slimp, MacDonald	son	11	TN	TN	TN	
	Slimp, Elizabeth Ann	daughter	6	TN	TN	TN	
58	Simcox, Joe	head	51	TN	TN	TN	farmer
	Simcox, Blanch	wife	39	NC	TN	NC	
	Simcox, Jabin	son	14	TN	TN	NC	
	Simcox, Mary Cole	daughter	10	TN	TN	NC	
59	Proffitt, Roscoe	head	42	TN	TN	TN	laborer farm
	Proffitt, Bertha	wife	23	TN	TN	TN	
	Proffitt, Hazel	daughter	0	TN	TN	TN	
60	McGlammery, Raymond	head	25	TN	NC	TN	laborer farm
	McGlammery, Jessie	wife	21	TN	TN	TN	
61	Dunn, Joe	head	52	TN	TN	TN	merchant
	Dunn, Biner	wife	50	NC	NC	NC	
	Jones, Vada	daughter	27	NC	TN	NC	
	Jones, Virginia	grdaughter	5	TN	NC	TN	
	Jones, Tommy	son in law	31	TN	TN	TN	laborer farm
62	Tester,John McClellan	head	60	TN	TN	TN	farmer
	Tester, Virgie	wife	45	TN	TN	TN	
	Tester, Henry Clay	son	21	TN	TN	TN	laborer farm
	Tester, Clyde	son	18	TN	TN	TN	laborer farm
	Tester, Maud	daughter	16	TN	TN	TN	
	Tester, Joe	son	13	TN	TN	TN	
	Tester, Carrie	daughter	11	TN	TN	TN	
	Tester, Vennie	daughter	5	TN	TN	TN	
	Tester, Rebecca Gail	daughter	2	TN	TN	Tn	
	Tester, William S.	brother	37	TN	TN	TN	
63	Tester, Julia	head (wd)	52	TN	TN	TN	
	Tester, Albert	son	17	TN	TN	TN	laborer farm
	Tester, Ruby	daughter	15	TN	TN	TN	
	Tester, Coy	son	13	TN	TN	TN	
	Tester, Cora	daughter	9	TN	TN	TN	
64	Tester, Robert	head	85	TN	TN	TN	

Family #	Name	Relation	Age	I	F	M	Occupation
	Tester, Alice	wife	39	TN	TN	TN	
	Tester, Mike	son	9	TN	TN	TN	
	Tester, Wade	son	5	TN	TN	TN	
	Church, Margaret	motherinlaw	72	TN	TN	TN	
	Church, Sarah	sister in law	43	TN	TN	TN	
65	Tester, Lon	head	27	TN	TN	NC	agent insurance
	Tester, Claudie	mother (wd)	55	NC	NC	NC	
	Tester, Hugh	brother	21	TN	TN	NC	publicschoolteacher
	Glenn, Mary	boarder	12	TN	NC	NC	
66	Neatherly, Leeland L.	head	40	TN	TN	TN	farmer
	Neatherly, Myrtle	wife	36	NC	NC	NC	
	Neatherly, Nell	daughter	14	TN	TN	NC	
	Neatherly, Grace	daughter	12	TN	TN	NC	
	Neatherly, Roy	son	10	TN	TN	NC	
	Neatherly, Mabel	daughter	6	TN	TN	NC	
	Neatherly, Dean	son	2	TN	TN	NC	
67	Simcox, Charles	head	48	TN	TN	TN	farmer
	Simcox, Rebecca	wife	38	TN	TN	TN	
	Simcox. Lilly Beatrice	daughter	17	TN	TN	TN	
	Simcox, Emma Kate	daughter	15	TN	TN	TN	
	Simcox, Marshall	son	13	TN	TN	TN	
	Simcox, Myrondean	son	9	TN	TN	TN	
68	Miller, E. M.	head	74	NC	NC	NC	
	Miller, Martitia	wife	58	NC	NC	NC	
69	Simcox, James	head	55	TN	TN	TN	farmer
	Simcox, Mattie	wife	41	TN	TN	TN	
	Simcox, Ruby	daughter	18	TN	TN	TN	
	Simcox, Rettie	daughter	16	TN	TN	TN	
	Simcox, Parlee	daughter	14	TN	TN	TN	
	Simcox, James Palmer	son	9	TN	TN	TN	
	Simcox, Charlotte	daughter	3	TN	TN	TN	
70	Simcox, John Thomas	head	57	TN	TN	TN	farmer
	Simcox, Nettie	wife	39	NC	NC	NC	
	Simcox, Mamie	daughter	17	TN	TN	NC	
	Simcox, Dorothy	daughter	13	TN	TN	NC	
	Simcox, Juanita	daughter	11	TN	TN	NC	
	Simcox, Bruce	son	7	TN	TN	NC	
	Simcox, Jennie	daughter	6	TN	TN	NC	
	Simcox. Robert Shelton	son	0	TN	TN	NC	
71	Proffitt, Clyde	head	33	TN	TN	TN	farmer
	Proffitt, Carrie Mae	wife	31	TN	TN	TN	
	Proffitt, Ellen	daughter	7	TN	TN	TN	
	Proffitt, Bertha	daughter	5	TN	TN	TN	
	Proffitt, Aden Ruth	daughter	3	TN	TN	TN	

Family #	Name	Relation	Age	I	F	M	Occupation
	Proffitt, Albert	son	0	TN	TN	TN	
72	Proffitt, William	head (wd)	61	TN	TN	TN	farmer
	Proffitt, Effie	daughter	41	TN	TN	TN	
	Proffitt, Milton	son	35	TN	TN	TN	
	Tester, Stella	grdaughter	19	TN	TN	TN	
	Tester, Claude	grson	17	TN	TN	TN	laborer farm
73	Tester, Tennessee L.	head	56	TN	TN	TN	farmer
	Tester, Rebecca	wife	46	TN	TN	TN	
	Tester, Emma	daughter	14	TN	TN	TN	
	Tester, Vonnie	son	11	TN	TN	TN	
	Tester, Marthie	daughter	9	TN	TN	TN	
	Tester, Earl	son	7	TN	TN	TN	
	Tester, Joe	son	4	TN	TN	TN	
74	Neatherly, Jacob	head	55	TN	TN	TN	farmer
	Neatherly, Maggie	wife	36	TN	TN	TN	
	Neatherly, Nellie	daughter	18	TN	TN	TN	
	Neatherly, Charles	son	16	TN	TN	TN	
	Neatherly, Nettie	daughter	13	TN	TN	TN	
	Neatherly, Fannie	daughter	10	TN	TN	TN	
	Neatherly, Lona	daughter	6	TN	TN	TN	
	Neatherly, Joseph	son	3	TN	TN	TN	
	Neatherly, Oliver	son	1	TN	TN	TN	
75	Tester, Robert A.	head	55	TN	TN	TN	farmer
	Tester, Clara	wife	71	TN	TN	TN	
	Tester, John Milburn	son	29	TN	TN	TN	laborer farm
76	McCoy, Millard	head	29	TN	TN	TN	farmer
	McCoy, Annie	wife	27	TN	TN	TN	
	McCoy, James	son	7	TN	TN	TN	
	McCoy, Becky	daughter	2	TN	TN	TN	
	McCoy, Frank	son	0	TN	TN	TN	
77	Forrester, Millard	head (wd)	63	TN	TN	TN	farmer
	Forrester, Nila	daughter	27	TN	TN	TN	
	Neatherly, Tammy	daughter	25	TN	TN	TN	
	Neatherly, John L.	son in law	27	TN	TN	TN	laborer farm
78	Corum, John	head	54	TN	TN	TN	farmer
	Corum, Elizabeth	wife	60	NC	NC	NC	
	Corum, Walter	son	21	NC	TN	NC	laborer farm
	Corum, Julie	dau in law	19	KY	KY	KY	
	Corum, Mary	grdaughter	1	KY	NC	KY	
	Corum, Willie	grson	9	TN	NC	TN	
79	Neatherly, William T.	head	26	TN	TN	TN	farmer
	Neatherly, Betty	sister	44	TN	TN	TN	
	Laws, Pressy	sister (wd)	46	TN	TN	TN	
	Laws, Agnes	niece	7	TN	TN	TN	

Family #	Name	Relation	Age	I	F	M	Occupation
	Neatherly, Raddell	niece	21	TN	TN	TN	
80	Hawkins, Frank	head	56	TN	TN	TN	farmer
	Hawkins, Nealy	wife	45	TN	TN	TN	
	Hawkins, Georgia	daughter	16	TN	TN	TN	
	Hawkins, James F.	brother	67	TN	TN	TN	laborer farm
81	Forrester, Floyd	head	40	TN	TN	TN	farmer
	Forrester, Elve	wife	16	TN	TN	TN	
	Forrester, Helen	daughter	0	TN	TN	TN	
	Forrester, Alice	mother (wd)	63	TN	TN	TN	
	Forrester, Ida	sister	36	TN	TN	TN	
	Forrester, Manda	sister	34	TN	TN	TN	
	Gregg, Blanch	niece	12	TN	TN	TN	
	Corum, Ruth	niece	5	TN	TN	TN	
	Forrester, Blaine	nephew	6	TN	TN	TN	
82	Tester, Christopher	head	61	TN	TN	TN	farmer
	Tester, Martha	wife	61	TN	TN	TN	
	Tester, Loyd	son	32	TN	TN	TN	laborer farm
	Tester, Maud	dau in law	22	TN	TN	TN	
	Tester, Shelton	grson	2	TN	TN	TN	
	Tester, Margaret	grdaughter	0	TN	TN	TN	
83	Tester, David	head	58	TN	TN	TN	farmer
	Tester, Ellen	wife	28	TN	TN	TN	
	Tester, Fred	son	14	TN	TN	TN	
84	Sheets, Eugene	head	58	NC	NC	NC	
	Sheets, Minnie	wife	45	TN	TN	TN	
85	Proffitt, Louisa	head (wd)	92	TN	TN	TN	
	Tester, Cordelia	sister (wd)	58	TN	TN	TN	
	Cuddy, Jane	ggrdaughter	2	TN	TN	TN	
86	Neatherly, Daniel	head	59	TN	TN	TN	farmer
	Neatherly, Cora	wife	41	TN	TN	TN	
	Neatherly, Paul	son	19	TN	TN	TN	
87	Morefield, James	head	63	TN	TN	TN	farmer
	Morefield, Ellen	wife	63	TN	TN	TN	
	Morefield, Irene	daughter	28	TN	TN	TN	
	Morefield, Rena	daughter	24	TN	TN	TN	
88	Morefield, Rod	head (wd)	63	TN	TN	TN	farmer
	Morefield, Ada	daughter	27	TN	TN	TN	
	Morefield, Ada Mae	grdaughter	5	VA	VA	TN	
89	Cornett, William	head	58	NC	NC	NC	farmer
	Cornett, Della	wife	52	TN	NC	NC	
	Cornett, Kate	daughter	20	TN	NC	TN	
	Smith, Louise	grdaughter	10	TN	TN	TN	
both 90 & 91	Dunn, Hugh	head	39	TN	TN	TN	farmer
	Dunn, Winnie	wife	36	TN	TN	TN	

Family #	Name	Relation	Age	I	F	M	Occupation
	Dunn, Maggie	daughter	11	TN	TN	TN	
	Dunn, Wiley	son	9	TN	TN	TN	
	Dunn, Barton	son	5	TN	TN	TN	
	Dunn, Gordon	son	2	TN	TN	TN	
	Dunn, Redith	daughter	0	TN	TN	TN	
	Mains, Walter	step son	16	TN	TN	TN	
	Mains, Ulysses	step son	11	TN	TN	TN	
	Mains, Eliza	step daughter	9	TN	TN	TN	
	Mains, Arthur	step daughter	6	TN	TN	TN	
92	Mains, Asa	head	57	TN	TN	TN	farmer
	Mains, Mae	wife	28	NC	NC	NC	
	Mains, Nelle	daughter	8	TN	TN	NC	
	Mains, Ida	daughter	6	TN	TN	NC	
	Mains, Myree	daughter	4	TN	TN	NC	
	Mains, Edith	daughter	3	TN	TN	NC	
	Mains, Rachel	daughter	1	TN	TN	NC	
93	Dunn, George	head	39	TN	TN	TN	farmer
	Dunn, Lottie	wife	35	TN	TN	TN	
	Dunn, Jane	daughter	17	TN	TN	TN	
	Dunn, Raymond	son	14	TN	TN	TN	
	Dunn, Opal	daughter	11	TN	TN	TN	
	Dunn, Fannie	daughter	8	TN	TN	TN	
	Dunn, Lemliatil	daughter	1	TN	TN	TN	
94	McCoy, Margaret	head (wd)	44	TN	TN	TN	
	McCoy, Stacy	son	19	TN	TN	TN	laborer odd jobs
	McCoy, Emily	daughter	15	TN	TN	TN	
	McCoy, Garfield	son	13	TN	TN	TN	
	McCoy, Jessie	son	11	TN	TN	TN	
	McCoy, Elonia	daughter	8	TN	TN	TN	
	McCoy, Grant	son	6	TN	TN	TN	
95	Proffitt, John	head	52	TN	TN	TN	
	Proffitt, Ida	wife	37	TN	TN	TN	
repeat 95	Tester, William S.	head	51	TN	TN	TN	farmer
	Tester, Alice	wife	50	TN	TN	TN	
	Tester, Claude	son	19	TN	TN	TN	laborer farm
	Tester, George	son	17	TN	TN	TN	laborer farm
	Tester, Lucy	daughter	14	TN	TN	TN	
	Tester, Nell	daughter	12	TN	TN	TN	
	Tester, Robert	son	10	TN	TN	TN	
	Tester, Jack	son	6	TN	TN	TN	
	Tester, Rettie	mother (wd)	72	TN	TN	TN	
96	Phillips, Lara	head	38	KY	KY	KY	farmer
	Phillips, Thelma	daughter	20	WV	TN	KY	
	Phillips, Bill	son	17	WV	TN	KY	laborer farm

Family #	Name	Relation	Age	I	F	M	Occupation
	Phillips, Ray	son	14	WV	TN	KY	
97	Hodge, Abraham Lincoln	head	45	TN	TN	TN	county tax assessor
	Hodge, Clara	wife	39	TN	TN	TN	
	Hodge, Lester	son	20	TN	TN	TN	laborer farm
	Hodge, Venia	daughter	16	TN	TN	TN	
	Hodge, Garfield	son	10	TN	TN	TN	
	Hodge, Opal	daughter	9	TN	TN	TN	
	Hodge, Bessie	daughter	5	TN	TN	TN	
	Hodge, Pauline	daughter	1	TN	TN	TN	
98	Hodge, Millard	head	49	TN	TN	TN	farmer
	Hodge, Bessie	wife	42	TN	TN	TN	
	Hodge, Edward	son	14	TN	TN	TN	
99	Mains, Joseph B.	head	36	TN	TN	TN	farmer
	Mains, Nelda	wife	29	TN	TN	TN	
	Mains, Charles	son	11	TN	TN	TN	
	Mains, Clyde	son	9	TN	TN	TN	
	Mains, Stoffle	son	5	TN	TN	TN	
100	Mains, David	head	48	TN	TN	TN	farmer
	Mains, Maggie	wife	51	TN	TN	TN	
	Mains, Spencer	son	18	TN	TN	TN	laborer farm
101	Stout, Roby	head	31	TN	TN	TN	farmer
	Stout, Maud	wife	29	TN	TN	TN	
	Stout, Fred	son	6	TN	TN	TN	
	Stout, Edward	son	3	TN	TN	TN	
repeat 101	McElyea, Milton	head	31	TN	TN	TN	farmer
	McElyea, Maggie	wife	31	TN	TN	TN	
	McElyea, Clarence	son	2	TN	TN	TN	
	McElyea, Andy	father (wd)	53	TN	TN	TN	laborer odd jobs
102	Proffitt, John	head	53	NC	NC	NC	laborer farm
	Proffitt, Cora	wife	34	TN	TN	TN	
	Dunn, Grace	step daughter	12	TN	TN	TN	
	Dunn, Bill	step son	6	TN	TN	TN	
103	Stout, Wiley	head	38	TN	TN	TN	farmer
	Stout, Ella	wife	32	NC	NC	NC	
	Stout, Shelton	son	11	TN	TN	NC	
	Stout, Louise	daughter	8	TN	TN	NC	
	Stout, Toll	son	5	TN	TN	NC	
104	Brewer, William	head	45	TN	TN	TN	farmer
	Brewer, Bona	wife	39	TN	TN	TN	
	Brewer, Arthur	son	17	TN	TN	TN	
	Brewer, Gay	son	15	TN	TN	TN	
	Brewer, Della	daughter	14	TN	TN	TN	
	Brewer, Edna	daughter	11	TN	TN	TN	
	Brewer. Ella	daughter	5	TN	TN	TN	

Family #	Name	Relation	Age	I	F	M	Occupation
	Brewer, Hazel	daughter	3	TN	TN	TN	
105	Phillips, John	head (wd)	70	TN	TN	TN	
	Dunn, Edd	boarder	24	TN	TN	TN	labor private family
	Dunn, Rachael	boarder	18	TN	TN	TN	labor private family
	Dunn, Maggie	boarder	12	TN	TN	TN	
106	Morefield, Elbert	head	56	TN	TN	TN	farmer
	Morefield, Lottie	wife	51	TN	TN	TN	
	Morefield, James R.	son	21	TN	TN	TN	
	Morefield, Robert	son	17	TN	TN	TN	
107	Slimp, Emma	head (wd)	64	TN	TN	TN	farmer
	Slimp, Mae	grdaughter	7	TN	TN	TN	
108	Slimp, Martin A.	head (wd)	76	TN	TN	TN	farmer
109	Mains, Mary	head (wd)	52	TN	TN	TN	
	Mains, Mandy	daughter	16	TN	TN	TN	
	Mains, Wiley	son	9	TN	TN	TN	
110	Stout, Asa	head	58	TN	TN	TN	farmer
	Stout, Annie	wife	43	TN	TN	TN	
	Stout, Sam	son	23	TN	TN	TN	laborer farm
111	Arnold, John Ham	head	54	TN	TN	TN	farmer
	Arnold, Vick	wife	44	TN	TN	TN	
	Arnold, Velma	daughter	16	TN	TN	TN	
	Arnold, Duff	son	14	TN	TN	TN	
	Arnold, Marshall	son	12	TN	TN	TN	
	Arnold, Sarah	daughter	10	TN	TN	TN	
	Arnold, Alex H.	father (wd)	84	TN	TN	TN	
112	Mink, David	head	43	TN	TN	NC	farmer
	Mink, Maggie	wife	38	TN	TN	TN	
	Mink, Kelly	son	18	TN	TN	TN	laborer odd jobs
	Mink, Ralph	son	16	TN	TN	TN	
	Mink, Dovie	daughter	14	TN	TN	TN	
	Mink., Lucy	daughter	12	TN	TN	TN	
	Mink, Russell	son	10	TN	TN	TN	
	Mink, Ella	daughter	6	TN	TN	TN	
	Mink, David	son	4	TN	TN	TN	
	Mink, Arley	son	1	TN	TN	TN	
113	Arnold, Wiley	head	55	TN	TN	TN	farmer
	Arnold, Elizabeth	wife	44	NC	NC	NC	
	Arnold, Walter	son	21	TN	TN	NC	laborer odd jobs
	Arnold, Beulah	daughter	17	TN	TN	NC	
	Arnold, Claude	son	15	TN	TN	NC	
	Arnold, Joe	son	12	TN	TN	NC	
	Arnold, John	son	10	TN	TN	NC	
	Arnold, Rosalee	daughter	8	TN	TN	NC	
	Arnold, Coolidge	son	5	TN	TN	NC	

Family #	Name	Relation	Age	I	F	M	Occupation
	Arnold, David	son	2	TN	TN	NC	
114	Kidd, Joe	head	73	TN	TN	NC	farmer
	Kidd, Martha	wife	72	NC	TN	NC	
115	Arnold, William	head	26	TN	TN	TN	laborer odd jobs
	Arnold, Grace	wife	28	TN	TN	TN	
	Arnold, Glenden	son	5	VA	TN	TN	
116	Burchett, Edd	head	29	NC	NC	TN	laborer farm
	Burchett, Carrie	wife	29	NC	NC	NC	
	Burchett, Roy	son	9	TN	NC	NC	
	Burchett, Frances	daughter	7	TN	NC	NC	
	Burchett, Lilly	daughter	5	TN	NC	NC	
	Burchett, Bernice	daughter	1	TN	NC	NC	
117	Matheson, John Henry	head	52	TN	NC	TN	farmer
	Matheson, Sallie Alice	daughter	26	TN	TN	TN	
	Matheson, Earl	son	18	TN	TN	TN	
	Matheson, Claude	son	15	TN	TN	TN	
	Matheson, Barton	son	12	TN	TN	TN	
118	Nave, David	head	66	TN	TN	TN	farmer
	Nave, Sarah	wife	64	TN	TN	TN	
	Elswick, Nettie	daughter	30	TN	TN	TN	
	Elswick, Houston	son in law	34	TN	TN	TN	laborer odd jobs
	Elswick, Jack	grson	0	TN	TN	TN	
119	Matheson, Ross	head	30	TN	TN	TN	farmer
	Matheson, Ruth	wife	30	TN	TN	TN	
	Matheson, Paul	son	9	TN	TN	TN	
	Matheson, Nelle	daughter	1	TN	TN	TN	
120	Stout, Stanley S.	head	51	TN	TN	NC	farmer
	Stout, Venie	wife	51	TN	TN	TN	
	Stout, Bowsie	son	20	TN	TN	TN	laborer farm
	Stout, Winnie	daughter	14	TN	TN	TN	
	Stout, Virginia	daughter	11	TN	TN	TN	
	Stout, Donnie	dau in law	22	TN	TN	TN	
	Stout, Alvin	brother	54	TN	TN	NC	laborer odd jobs
121	Arnold, Mack	head	60	TN	TN	TN	farmer
	Arnold, Flora	wife	54	TN	TN	TN	
	Arnold, Ross	son	33	TN	TN	TN	laborer farm
	Arnold, Onie	dau in law	23	KY	WV	KY	
	Arnold, James R.	grson	5	WV	TN	KY	
	Arnold, Flora L.	grdaughter	3	WV	TN	KY	
	Arnold, Jack	grson	1	WV	TN	KY	
	Arnold, Ernest E.	grson	17	TN	TN	TN	laborer farm
122	Stout, John L.	head	60	TN	TN	TN	laborer odd jobs
	Stout, Alice Wilson	wife	62	TN	TN	TN	
	Richardson, M. Louise	grdaughter	8	TN	TN	TN	

Family #	Name	Relation	Age	I	F	M	Occupation
	Richardson, Mary	grdaughter	6	TN	TN	TN	
	Richardson, Va. Nell	grdaughter	5	TN	TN	TN	
123	Ward, Lillie D.	head (wd)	50	TN	TN	TN	farmer
	Ragan, Mae	boarder	22	TN	TN	TN	
	Farthing, Roberta	servant	67	TN	TN	TN	servantprivatefamily
124	Ward, James	head	28	TN	TN	TN	laborer farm
	Ward, Pearl	wife	19	TN	TN	NC	
125	Farthing, Walter H.	head	57	TN	NC	NC	farmer
	Farthing, Tina C.	wife	40	TN	TN	TN	
	Farthing, Joseph	son	20	TN	TN	TN	laborer farm
	Farthing, Roger	son	17	TN	TN	TN	
	Farthing, Tom	son	15	TN	TN	TN	
	Farthing, Mary	daughter	13	TN	TN	TN	
	Farthing, Lois	daughter	11	TN	TN	TN	
	Farthing, Ruth	daughter	7	TN	TN	TN	
	Farthing, Bobby Ray	son	0	TN	TN	TN	
126	Arney, Alfred Gorden	head	53	TN	TN	TN	farmer
	Arney, Mary	wife	43	TN	TN	TN	
	Arney, Donnie	daughter	23	TN	TN	TN	
	Arney, Annie	daughter	20	TN	TN	TN	
	Arney, John	son	19	TN	TN	TN	laborer farm
	Arney, Jack	son	17	TN	TN	TN	
	Arney, Virginia	daughter	15	TN	TN	TN	
	Arney, Thomas Adam	son	11	TN	TN	TN	
127	Daugherty, Jacob	head	48	TN	TN	TN	farmer
	Daugherty, Dora	wife	65	NC	NC	NC	
128	Ward, James	head	49	TN	TN	TN	farmer
	Ward, Maggie	wife	49	TN	TN	TN	
	Ward, Nelle	daughter	26	TN	TN	TN	publicschoolteacher
	Ward, Wilson	son	25	TN	TN	TN	publicschoolteacher
	Ward, Lona	daughter	23	TN	TN	TN	
	Ward, Georgia	daughter	18	TN	TN	TN	
	Ward, Fred	son	15	TN	TN	TN	
	Ward, Nat	son	13	TN	TN	TN	
	Ward, Carl	son	10	TN	TN	TN	
	Ward, Carter	son	10	TN	TN	TN	
129	Ward, Elbert J.	head	50	TN	TN	TN	farmer
	McCulloch, John	cousin	25	TN	TN	TN	laborer farm
130	Ward, John	head	64	TN	TN	TN	laborer farm
	Ward, Carrie	wife	49	NC	TN	NC	
	Ward, Edna	daughter	24	TN	TN	TN	
	Ward, Eugene	son	22	TN	TN	TN	
	Ward, Kermit	son	15	TN	TN	TN	laborer farm
	Ward, Lottie	daughter	10	TN	TN	TN	

Family #	Name	Relation	Age	I	F	M	Occupation
131	Pleasant, Walter B.	head	34	TN	TN	TN	merchant gen store
	Pleasant, Sonia	wife	34	TN	TN	TN	
	Pleasant, Ruby	daughter	12	TN	TN	TN	
	Pleasant, J.L.	son	9	TN	TN	TN	
	Pleasant, W.B.Jr.	son	7	TN	TN	TN	
	Pleasant, Howard	son	5	TN	TN	TN	
132	Swift, Joseph D.	head	30	TN	NC	NC	laborer odd jobs
	Swift, Auriola	wife	29	NC	TN	NC	
	Swift, Roby	son	8	TN	TN	NC	
	Swift, Clay	son	6	TN	TN	NC	
	Swift, Theodore	son	4	NC	TN	NC	
	Dyer, Wayne	boarder	81	NC	NC	NC	
133	Cress, Robert L.	head	59	TN	TN	TN	farmer
	Cress, Calonia	wife	62	TN	TN	TN	
	Cress, Mae	daughter	35	TN	TN	TN	
	Cress, Annie	daughter	27	TN	TN	TN	
	Cress, Frances	grdaughter	17	TN	TN	TN	
	Cress, William	grson	12	TN	TN	TN	
	Cress, Charles	grson	8	TN	TN	TN	
134	Cress, Lucas N.	head	34	TN	TN	TN	laborer farm
	Cress, Thelma	wife	25	TN	TN	TN	
135	Frazier, Thomas J.	head	43	TN	TN	TN	depot agent railroad
	Frazier, Margaret	wife	41	TN	TN	TN	
	Frazier, Norma	daughter	12	TN	TN	TN	
136	Woods, William	head	32	VA	VA	VA	farmer
	Woods, Letha	wife	27	NC	NC	NC	
	Woods, Vennie	daughter	9	VA	VA	NC	
	Woods, Lucy	daughter	7	VA	VA	NC	
	Woods, Thomas	son	5	VA	VA	NC	
	Woods, Wanda	daughter	3	VA	VA	NC	
	Woods, Nell	daughter	1	TN	VA	NC	
137	Church, Sara	head	49	TN	TN	TN	
	Church, Herbert	son	21	TN	TN	TN	laborer odd jobs
	Church, Lonnie	son	18	TN	TN	TN	laborer odd jobs
	Church, Louise	daughter	15	TN	TN	TN	
	Church, Evan	son	13	TN	TN	TN	
	Humphrey, Mamie	daughter	25	TN	TN	TN	
	Humphrey, Grady	grson	1	TN	TN	TN	
	Church, Olive	dau in law	19	NC	NC	NC	
	Church, Ethel	grdaughter	2	TN	TN	TN	
	Church, James	grson	1	TN	TN	TN	
	Church, Cledith	grdaughter	0	TN	TN	TN	
138	Lunceford, Robert Donald	head	34	TN	TN	TN	farmer
	Lunceford, Bessie	wife	25	NC	NC	NC	

Family #	Name	Relation	Age	I	F	M	Occupation
	Lunceford, Don Jr.	son	9	TN	TN	NC	
	Lunceford, Opal	daughter	5	TN	TN	NC	
	Lunceford, Joseph	son	3	TN	TN	NC	
	Lunceford, Thomas	son	1	TN	TN	NC	
	Lunceford, Martha	daughter	0	TN	TN	NC	
139	Laws, James	head	69	TN	TN	TN	farmer
	Laws, Maglonia	wife	64	TN	TN	TN	
	Laws, Cora	daughter	37	TN	TN	TN	
	Courtner, Josie	daughter(wd)	27	TN	TN	TN	
140	Courtner, J. F.	head	21	TN	TN	TN	laborer farm
	Courtner, Jane	wife	24	TN	TN	TN	
	Courtner, Angelena	daughter	3	TN	TN	TN	
	Courtner, Edith	daughter	1	TN	TN	TN	
141	Dyson, Mose	head	55	TN	TN	TN	farmer
	Dyson, Sarah	wife	54	NC	NC	NC	
	Hodge, Linne	boarder	14	TN	TN	TN	
142	McElyea, Charles	head	24	TN	TN	TN	laborer farm
	McElyea, Irene	wife	22	NC	NC	NC	
143	Lunceford, Luna Jane	head (wd)	61	TN	TN	TN	
	Lunceford, Joseph	son	32	TN	TN	TN	farmer
	Lunceford, Shelby	son	24	TN	TN	TN	laborer farm
	Lunceford, John	son	20	TN	TN	TN	laborer odd jobs
	Lunceford, Edd	son	14	TN	TN	TN	
	Lunceford, Dorothy	dau in law	23	TN	TN	TN	
	Lunceford, Jennie	grdaughter	1	TN	TN	TN	
	Anderson, Myrtle	daughter	36	TN	TN	TN	
	Anderson, Freda	grdaughter	8	TN	TN	TN	
	Anderson, Williine	grdaughter	7	TN	TN	TN	
144	Ward, Addie	head (wd)	53	TN	TN	TN	
	Cornett, Bessie	daughter	23	TN	TN	TN	
	Cornett, Marifay	grdaughter	4	TN	TN	TN	
	Cornett, McLin Jr.	grson	3	TN	TN	TN	
145	Stansberry, Cora	head (wd)	39	NC	NC	NC	
	Stansberry, Arthur	son	19	NC	NC	NC	laborer odd jobs
	Stansberry, Daisy	daughter	17	TN	NC	NC	
	Stansberry, Dortha	daughter	12	TN	NC	NC	
	Stansberry, Maud	daughter	9	TN	NC	NC	
	Stansberry, Stacy	son	5	TN	NC	NC	
146	Stanton, Thomas	head	36	TN	TN	TN	laborer railroad
	Stanton, Fanny	wife	37	TN	TN	TN	
	Stanton, William E.	son	12	TN	TN	TN	
	Stanton, Carl	son	9	TN	TN	TN	
	Stanton, James	son	8	TN	TN	TN	
	Stanton, Robert	son	5	TN	TN	TN	

Family #	Name	Relation	Age	I	F	M	Occupation
	Stanton, Angie	daughter	5	TN	TN	TN	
	Stanton, Clarence	son	3	TN	TN	TN	
147	Potter, Frank	head	37	NC	NC	NC	farmer
	Potter, Minnie	wife	35	TN	TN	TN	
	Potter, Bonnie	daughter	10	TN	NC	TN	
	Potter, Don	son	9	TN	NC	TN	
	Potter, Virtie	daughter	7	TN	NC	TN	
	Potter, Irene	daughter	5	TN	NC	TN	
	Potter, Maud	daughter	2	TN	NC	TN	
	Potter, J.C.	son	1	TN	NC	TN	
	Johnson, Virginia	boarder	7	TN	TN	TN	
148	Ward, James D.	head	53	TN	TN	TN	laborer odd jobs
	Ward, Biner	wife	36	NC	NC	NC	
	Ward, Joseph	son	11	TN	TN	NC	
	Ward, Loyd	son	9	TN	TN	NC	
	Ward, Ida	daughter	6	TN	TN	NC	
149	Ward, Isaac	head	55	TN	TN	NC	laborer farm
	Ward, Mollie	wife	51	TN	TN	TN	
	Ward, Charlie	son	21	TN	TN	TN	laborer farm
	Ward, Elmer	son	19	TN	TN	TN	laborer farm
	Ward, Azora	daughter	17	TN	TN	TN	
150	Ward, Wheeler	head	27	TN	TN	TN	laborer odd jobs
	Ward, Dora	wife	25	TN	TN	TN	
	Ward, James	son	2	TN	TN	TN	
151	Simcox, Wiley	head	54	TN	TN	TN	farmer
152	Rosenbaum, Jim	head	45	VA	VA	VA	laborer sawmill
	Rosenbaum, Lottie	wife	36	TN	TN	TN	
	Rosenbaum, Charles	son	17	VA	VA	TN	laborer farm
	Rosenbaum, Mattie	daughter	15	VA	VA	TN	
	Rosenbaum, Opal	daughter	13	VA	VA	TN	
	Rosenbaum, Ben	son	9	VA	VA	TN	
	Rosenbaum, Rachel	daughter	6	VA	VA	TN	
	Rosenbaum, Herbert	son	5	VA	VA	TN	
	Daugherty, Andy	boarder	8	VA	TN	VA	
	Eggers, Reece	boarder	18	VA	VA	VA	laborer farm
153	Stout, James R.	head	67	TN	TN	TN	farmer
	Stout, Mary	wife	60	TN	TN	TN	
	Stout, Curtis	son	26	TN	TN	TN	laborer farm
	Stout, Ross	son	23	TN	TN	TN	laborer farm
	Stout, Nell	daughter	21	TN	TN	TN	
	Stout, Cleo	daughter	18	TN	TN	TN	
154	Shull, James A.	head	48	NC	NC	TN	merchant rtl/whsl
	Shull, Rebecca	wife	49	TN	TN	TN	
	Shull, William Hal	son	22	TN	NC	TN	salesman gen store

Family #	Name	Relation	Age	I	F	M	Occupation
	Shull, Mary Elizabeth	daughter	21	TN	NC	TN	
	Shull, James Malcolm	son	19	TN	NC	TN	
	Shull, Carolyn	daughter	16	TN	NC	TN	
	Shull, Sarah	daughter	14	TN	NC	TN	
	Shull, Virginia	daughter	11	TN	NC	TN	
	Shull, Florence	daughter	11	TN	NC	TN	
155	Wilson, Ray	head	23	TN	TN	TN	laborer farm
	Wilson, Mary	wife	20	TN	TN	TN	
156	Wilson, Richard H.	head	51	TN	TN	TN	farmer
	Wilson, Winnie	wife	48	TN	TN	TN	
	Wilson, Claude	son	26	TN	TN	TN	laborer farm
	Wilson, Carl	son	17	TN	TN	TN	
	Wilson, Kathleen	daughter	13	TN	TN	TN	
157	Bumgardner, Robert	head	19	TN	TN	TN	laborer farm
	Bumgardner, Lena	wife	16	TN	TN	TN	
158	Laws, Comodore	head	38	TN	TN	TN	laborer odd jobs
	Laws, Cinda	wife	36	TN	TN	TN	
159	Morefield, Wm. Floyd	head	41	TN	TN	TN	laborer farm
	Morefield, Lona	wife	40	TN	TN	TN	
	Morefield, Verna	daughter	17	TN	TN	TN	
	Morefield, Wm. Burl	son	15	TN	TN	TN	
	Morefield, Mamie Creed	daughter	13	TN	TN	TN	
	Morefield, James Wilbert	son	11	TN	TN	TN	
	Morefield, Edward	son	8	TN	TN	TN	
	Morefield, Wm. Floyd Jr.	son	4	TN	TN	TN	
	Morefield, Lona	daughter	3	TN	TN	TN	
160	Hodges, James A.	head	44	TN	TN	TN	farmer
	Hodges, Elizabeth	wife	33	TN	TN	TN	
	Hodges, Roscoe	son	17	TN	TN	TN	
	Hodges, James	son	11	TN	TN	TN	
	Hodges, Virginia	daughter	8	TN	TN	TN	
161	Duvall, Andy	head	51	NC	TN	TN	laborer farm
	Duvall, Mary	wife	47	TN	NC	TN	
	Duvall, Thomas	son	19	TN	NC	TN	laborer farm
	Duvall, Erma	daughter	20	TN	NC	TN	
	Duvall, Nina	daughter	17	TN	NC	TN	
	Duvall, Margaret	daughter	13	TN	NC	TN	
162	Proffitt, Wiley	head (wd)	53	TN	TN	TN	farmer
	Proffitt, Rector	son	18	TN	TN	TN	laborer odd jobs
	Proffitt, Alma	daughter	15	TN	TN	TN	
	Proffitt, Victor	son	10	TN	TN	TN	
163	Cable, Tilda	head	51	TN	TN	TN	
	Cable, Mae	daughter	9	TN	TN	TN	
	Cable, James R.	son	7	TN	TN	TN	

Family #	Name	Relation	Age	I	F	M	Occupation
164	Snyder, Fred	head	74	TN	TN	TN	farmer
	Snyder, Susan	wife	64	TN	TN	TN	
165	McElyea, Mary	head (wd)	56	TN	TN	TN	
	McElyea, William B.	son	27	TN	TN	TN	laborer farm
	McElyea, Howard	son	22	TN	TN	TN	laborer farm
	McElyea, Norman Jr.	son	19	TN	TN	TN	
	MeElyea, Emma	dau in law	21	NC	NC	NC	
	McElyea, James	grson	3	TN	TN	NC	
166	Tester, David	head	42	TN	TN	TN	laborer farm
	Tester, Olive	wife	37	TN	TN	TN	
	Tester, Lucy	daughter	15	TN	TN	TN	
	Tester, Arthur	son	14	TN	TN	TN	
	Tester, David	son	12	TN	TN	TN	
	Tester, Robert	son	9	TN	TN	TN	
	Tester, Lura Kate	daughter	5	TN	TN	TN	
	Tester, Dorothy	daughter	1	TN	TN	TN	
167	Smith, Jaden	head	21	TN	TN	TN	laborer farm
	Smith, Annie	wife	19	TN	TN	TN	
	Smith, Walter	son	2	TN	TN	TN	
	Smith, Mary	mother(wd)	63	TN	TN	TN	
	Hodges, James	nephew	9	TN	NC	TN	
168	McCoy, Myron	head	32	TN	TN	TN	laborer farm
	McCoy, Margaret	wife	28	TN	TN	TN	
	McCoy, Opal	daughter	15	TN	TN	TN	
	McCoy, Frances	daughter	13	TN	NC	TN	
	McCoy, J.C.	son	7	TN	TN	TN	
	McCoy, Edgar	son	4	TN	TN	TN	
	McCoy, Ola	daughter	3	TN	TN	TN	
	McCoy, June	daughter	0	TN	TN	TN	
169	Fritts, George W.	head	57	TN	TN	TN	farmer
	Fritts, Nettie Lunceford	wife	51	TN	TN	TN	
	Fritts, Lillie	daughter	19	TN	TN	TN	
	Fritts, George W. Jr.	son	17	TN	TN	TN	
	Fritts, John M.	son	15	TN	TN	TN	
	Fritts, Rosa	daughter	11	TN	TN	TN	
	Fritts, Bertie	daughter	8	TN	TN	TN	
	Fritts, Una	daughter	6	TN	TN	TN	
170	Brown, Eva	head	80	TN	TN	TN	
	Brown, Nancy	sister	90	NC	TN	TN	
171	Jones, Soloman	head	66	TN	TN	TN	farmer
	Jones, Molly	wife	68	TN	NC	NC	
	Mast, Roby	brotherinlaw	70	TN	NC	TN	farmer
172	Forrester, J. W.	head	62	NC	NC	NC	farmer
	Forrester, Rosa	wife	45	NC	NC	NC	

Family #	Name	Relation	Age	I	F	M	Occupation
	Creed, Callie	sister in law	46	NC	NC	NC	
	Creed, Mary	sister in law	49	NC	NC	NC	
173	Shoun, AndrHenderson	head	59	TN	TN	TN	farmer
	Shoun, Minnie	wife	48	TN	TN	TN	
	Shoun, Constance	daughter	25	TN	TN	TN	publicschoolteacher
	Shoun, Joe	son	21	TN	TN	TN	
	Shoun, Bettie	daughter	17	TN	TN	TN	
174	Ward, Dolphus A.	head	52	TN	TN	NC	farmer
	Ward, Vertie	wife	42	TN	TN	TN	
	Ward, Ray	son	18	TN	TN	TN	laborer farm
	Ward, Anna B.	daughter	16	TN	TN	TN	
	Ward, Glenn	son	12	TN	TN	TN	
	Ward, Mitha	daughter	10	TN	TN	TN	
	Ward, R.V.	son	5	TN	TN	TN	
175	Stout, Elbert	head	57	TN	TN	TN	farmer
	Stout, Maggie B.	wife	56	TN	TN	TN	
	Bunting, Marshal	grson	11	TN	TN	NC	
176	Dishman, Edward Vance	head	52	NC	NC	NC	farmer
	Dishman, Eva Arnold	wife	54	TN	TN	TN	
	Dishman, Ellen R.	grdaughter	5	NC	NC	TN	
177	Arnold, Aquilla	head	84	TN	TN	TN	farmer
	Arnold, Eliza	wife	80	TN	TN	TN	
	Dunn, Nina	servant	17	TN	TN	TN	servant private fam
178	Harmon, Walter C.	head	60	NC	NC	NC	laborer farm
	Harmon, Elizabeth	wife	52	NC	NC	NC	
	Harmon, Comodore	son	16	TN	NC	NC	
	Harmon, Bertha	daughter	11	TN	NC	NC	
	Harmon, Anna Lee	daughter	9	TN	NC	NC	
	Harmon, Gladys	daughter	4	TN	NC	NC	
179	Day, Samuel	head	65	NC	NC	NC	farmer
	Day, Nancy	wife	57	NC	NC	NC	
	Day, Ivory L.	son	26	NC	NC	NC	
	Day, Robert E. Lee	son	20	NC	NC	NC	
180	Greer, Alexander	head	59	TN	TN	TN	farmer
	Greer, Martha Lou	wife	59	NC	NC	NC	
181	Love, James R.	head	64	TN	NC	TN	laborer farm
	Love, Sylvanie	wife	23	NC	NC	NC	
	Love, Florence	daughter	3	TN	TN	NC	
	Love, Martha	daughter	1	TN	TN	NC	
182	Vannoy, Ransom G.	head	53	NC	NC	NC	farmer
	Vannoy, Susan	wife	38	TN	TN	TN	
	Vannoy, Marie	daughter	15	TN	NC	TN	
	Vannoy, Melvin P.	son	13	TN	NC	TN	
	Vannoy, Joseph	daughter	11	TN	NC	TN	

Family #	Name	Relation	Age	I	F	M	Occupation
	Vannoy, John	son	5	TN	NC	TN	
183	Dyer, Joel B.	head	53	TN	TN	TN	blacksmith
	Dyer, Nannie W.	wife	42	TN	TN	TN	
	Dyer, Virginia	daughter	11	TN	TN	TN	
	Dyer, Edith	daughter	10	TN	TN	TN	
	Dyer, Elizabeth	daughter	8	TN	TN	TN	
	Dyer, Joel Blair Jr.	son	6	TN	TN	TN	
	Dyer, Willijean	daughter	4	TN	TN	TN	
184	Stout, John Nicholas	head	62	TN	TN	TN	farmer
	Stout, Catherine	wife	56	TN	TN	TN	
(enumerator	Stout, David P.	son	24	TN	TN	TN	laborer farm
skipped 185)	Stout, Eva	dau in law	24	TN	TN	TN	
186	Day, Wm. David	head	49	TN	TN	TN	farmer
	Day, Edith	wife	46	TN	TN	TN	
	Day, Louise	daughter	8	TN	TN	TN	
	Day, Clyde	son	7	TN	TN	TN	
	Day, Lydia Kate	daughter	3	TN	TN	TN	
	Day, Calvin Filmore	father	75	TN	TN	TN	farmer
	Day, Lydia Laws	mother	70	TN	TN	TN	
	Day, Bertha	niece	21	TN	TN	TN	
187	Day, Theodore	head	21	TN	TN	TN	truck driver
	Day, Ossie	wife	22	TN	TN	TN	
	Day, Bettie	daughter	3	TN	TN	TN	
	Day, James	son	2	TN	TN	TN	
188	DeLoach, James L.	head	25	TN	TN	TN	laborer farm
	DeLoach, Beulah	wife	19	TN	TN	TN	
	Deloach, Mary	daughter	0	TN	TN	TN	
189	Gambill, James Monroe	head	72	TN	TN	TN	farmer
	Gambill, Nancy Jane	sister	68	TN	TN	TN	
190	Stout, Jacob N.	head (wd)	84	TN	TN	TN	
191	Stout, Lemuel	head	62	TN	TN	TN	farmer
	Stout, Laura	wife	52	NC	NC	NC	
	Stout, Thomas	son	17	TN	TN	NC	laborer farm
	Stout, Nell	daughter	15	TN	TN	NC	
	Daugherty, Jackson	boarder	78	TN	TN	TN	
	Daugherty, Adam	roomer	83	TN	TN	TN	
192	Williams, Gertrude	head	42	TN	TN	TN	
	Williams, Martha	daughter	14	TN	TN	TN	
	Williams, Lottie Lee	daughter	13	VA	NC	TN	
	Williams, Emily	daughter	8	VA	NC	TN	
	Williams, Sarah	daughter	5	MI	NC	TN	
	William, Doris	daughter	4	MI	NC	TN	
	Williams, James	son	19	TN	NC	TN	laborer farm
193	O'Neal, Joe	head	56	TN	TN	TN	farmer

Family #	Name	Relation	Age	I	F	M	Occupation
	O'Neal, Sarah	wife	64	TN	TN	TN	
194	Dickens, Thomas	head	32	TN	TN	NC	farmer
	Dickens, Carrie	wife	30	TN	TN	NC	
	Dickens, Lucille	daughter	5	TN	TN	TN	
	Dickens, Millard	son	0	TN	TN	TN	
	Dickens, Frances	mother (wd)	72	NC	NC	NC	
195	Fritts, McKinley	head	39	TN	TN	TN	laborer odd jobs
	Fritts, Mary	wife	29	TN	NC	NC	
	Fritts, Dewey	son	10	TN	TN	TN	
	Fritts, Ruth	daughter	7	TN	TN	TN	
	Fritts, Carley	son	5	TN	TN	TN	
196	Mays, John L.	head	60	NC	NC	NC	laborer odd jobs
	Mays, Martha	wife	24	TN	TN	TN	
197	Bunton, Dewey	head	31	TN	TN	TN	farmer
	Bunton, Ethel	wife	31	TN	TN	TN	
	Bunton, Caralee	daughter	4	TN	TN	TN	
	Bunton, Mary	daughter	0	TN	TN	TN	
	Daugherty, William C.	boarder	79	TN	TN	NC	
198	Shaw, Thomas Gaston	head	51	NC	NC	NC	farmer
	Shaw, Ellen	wife	49	TN	TN	TN	
	Shaw, Adell	daughter	15	TN	NC	TN	
	Shaw, Ilene	daughter	13	TN	NC	TN	
	Shaw, Burless	son	19	TN	NC	TN	laborer farm
199	Tilly, Mary	head	45	NC	NC	NC	
	Tilly, Opal	daughter	18	TN	NC	NC	
	Tilly, Inez	daughter	14	TN	NC	NC	
200	Stanton, James Grayson	head (wd)	62	TN	TN	TN	laborer farm
	Stanton, Henry	son	21	TN	TN	TN	laborer odd jobs
	Stanton, Lawson	son	19	TN	TN	TN	laborer odd jobs
	Stanton, Frances	daughter	11	TN	TN	TN	
201	Elkins, Ellis	head	52	VA	VA	VA	farmer
	Elkins, Ettie	wife	44	NC	NC	NC	
	Elkins, Della	daughter	22	VA	VA	NC	
	Elkins, Alice	daughter	19	NC	VA	NC	
	Elkins, Bessie	daughter	16	TN	VA	NC	
	Elkins, Donnie	daughter	11	TN	VA	NC	
	Elkins, Pauline	daughter	4	TN	VA	NC	
	Brewer, John T.	boarder	29	TN	TN	TN	laborer farm
202	Triplett, Roscoe J.	head	39	TN	TN	TN	laborer odd jobs
	Triplett, Lilly	wife	38	NC	TN	NC	
	Triplett, Paul	son	13	NC	TN	NC	
	Triplett, Smith	son	8	TN	TN	NC	
	Triplett, Billy	son	6	NC	TN	NC	
	Triplett, James	son	2	NC	TN	NC	

Family #	Name	Relation	Age	I	F	M	Occupation
	Triplett, Allen	son	0	NC	TN	NC	
203	DeLoach, James S.	head	34	TN	TN	TN	laborer farm
	DeLoach, Mamie	wife	23	TN	TN	TN	
	DeLoach, Hortensia	daughter	3	TN	TN	TN	
	DeLoach, Edith Nell	daughter	1	TN	TN	TN	
204	Neatherly, John	head	39	TN	TN	TN	farmer
	Neatherly, Grace	wife	34	TN	TN	TN	
	Neatherly, Elbert E.	son	14	TN	TN	TN	
	Neatherly, Claude S.	son	11	TN	TN	TN	
	Neatherly, John	son	5	TN	TN	TN	
205	Arney, John Edgar(Ed)	head	37	TN	TN	TN	farmer
	Arney, Eliza Moody	wife	37	TN	TN	TN	
	Arney, Golda	daughter	8	TN	TN	TN	
	Arney, Wayne	son	7	TN	TN	TN	
	Arney, Alma	daughter	6	TN	TN	TN	
	Arney, Hazel	daughter	3	TN	TN	TN	
206	Ward, George T.	head (wd)	64	TN	TN	TN	farmer
	Ward, George E.	son	23	TN	TN	TN	laborer farm
207	Hicks, James R.	head	35	TN	TN	TN	
	Hicks, Rose E.	wife	27	TN	TN	TN	
208	Morefield, William W.	head	37	TN	TN	TN	farmer
	Morefield, Maggie	wife	38	TN	TN	TN	
	Morefield, William C.	son	12	TN	TN	TN	
	Morefield, Ellen	daughter	10	TN	TN	TN	
	Morefield, Annie	daughter	8	TN	TN	TN	
	Morefield, Opal	daughter	6	TN	TN	TN	
	Morefield, Thomas J.	son	3	TN	TN	TN	
	Morefield, Georgia H.	daughter	0	TN	TN	TN	
209	Wagner, Lee R.	head	39	TN	TN	TN	laborer farm
	Wagner, Florence Potter	wife	35	TN	TN	TN	
	Wagner, Mary	daughter	5	TN	TN	TN	
	Wagner, Roy	son	2	TN	TN	TN	
	Potter, Martha	motherinlaw	73	TN	TN	TN	
210	Eldreth, William M.	head	38	NC	NC	NC	farmer
	Dunn, Paul	boarder	14	TN	NC	TN	
211	Minks, Ross M.	head	34	TN	TN	TN	laborer farm
	Minks, Ida Hicks	wife	28	TN	TN	TN	
	Minks, Edna	daughter	9	TN	TN	TN	
	Minks, Ellen	daughter	7	TN	TN	TN	
	Minks, Marylee	daughter	2	TN	TN	TN	
	Minks, John	son	0	TN	TN	TN	
212	Minks, Lafayette J.	head	61	TN	TN	TN	farmer
	Minks, Sarah Slimp	wife	56	TN	TN	TN	
	Minks, Glenn	son	23	TN	TN	TN	laborer farm

Family #	Name	Relation	Age	I	F	M	Occupation
	Minks, Mary E.	daughter	20	TN	TN	TN	
213	Vaught, Wiley W.	head	56	TN	TN	TN	farmer
	Minks, Minnie	servant	58	TN	TN	TN	servant private fam
214	Bryant, John G.	head	59	VA	VA	VA	laborer farm
	Bryant, Mary	wife	58	TN	TN	TN	
	Bryant, Herbert	son	19	TN	VA	TN	laborer farm
	Bryant, Robert	son	17	TN	VA	TN	laborer farm
	Bryant, James	son	15	TN	VA	TN	
	Bryant, Joe	son	13	TN	VA	TN	
215	Snyder, Noah	head	50	TN	TN	TN	farmer
	Snyder, Ollie	wife	38	NC	NC	NC	
	Snyder, Martin	son	17	TN	TN	NC	
	Snyder, D.L.	son	14	TN	TN	NC	
	Snyder, Robert	son	11	TN	TN	NC	
	Snyder, Alex	son	8	TN	TN	NC	
	Snyder, Eureka	daughter	5	TN	TN	NC	
	Snyder, Wiley	son	2	TN	TN	NC	
	Snyder, Susan	daughter	0	TN	TN	NC	
	Snyder, Alex S.	father (wd)	80	TN	TN	TN	
216	Stansberry, John	head	20	NC	NC	NC	laborer farm
	Stansberry, Mary	wife	22	TN	TN	TN	
	Stansberry, Gladys	daughter	1	TN	NC	TN	
	Stansberry, Martha	sister	39	NC	NC	NC	
	Stansberry, Nellie	niece	11	NC	TN	NC	
217	Humphrey, William F.	head	39	TN	TN	TN	carpenter
	Humphrey, Rose	wife	28	TN	TN	TN	
	Humphrey, Bill	son	5	TN	TN	TN	
	Humphrey, Edna	daughter	3	TN	TN	TN	
218	Norris, John	head	62	NC	NC	NC	farmer
	Norris, Martha Ann	wife	58	NC	NC	NC	
219	Garland, Clarence	head	29	TN	TN	TN	laborer farm
	Garland, Ola	wife	28	NC	NC	NC	
	Garland, Ella Mae	daughter	6	TN	TN	NC	
	Garland, Bud	son	5	TN	TN	NC	
	Garland, Kenneth	son	3	TN	TN	NC	
	Garland, Lucille	daughter	0	TN	TN	NC	
220	Owens, William M	head	41	TN	NC	TN	laborer farm
	Owens, Alice	wife	46	TN	TN	TN	
	Owens, Edgar	son	22	TN	TN	TN	laborer farm
	Owens, Grace	daughter	16	TN	TN	TN	
	Owens, Belle	daughter	13	TN	TN	TN	
	Owens, Maud	daughter	8	TN	TN	TN	
	Owens, James	son	7	TN	TN	TN	
221	McElyea, Roy	head	38	TN	TN	TN	laborer farm

Family #	Name	Relation	Age	I	F	M	Occupation
	McElyea, Bettie	wife	44	NC	NC	NC	
	McElyea, Edd	son	22	TN	TN	NC	laborer farm
	McElyea, Howard	son	18	TN	TN	NC	laborer farm
	McElyea, Lee	son	16	TN	TN	NC	
	McElyea, Rosa	daughter	11	TN	TN	NC	
	McElyea, Woodrow	son	7	TN	TN	NC	
	McElyea, Margaret	daughter	3	TN	TN	NC	
	McElyea, Pauline	daughter	1	TN	TN	NC	
222	Icenhour, Roy	head	30	NC	NC	NC	laborer farm
	Icenhour, Victoria	wife	29	NC	NC	NC	
	Icenhour, Ellen	daughter	8	TN	NC	NC	
	Icenhour, Mae	daughter	7	TN	NC	NC	
	Icenhour, Homer	son	5	TN	NC	NC	
223	Dunn, Lizzie	head (wd)	69	NC	NC	NC	
	Dunn, Pearl	daughter	22	TN	NC	NC	
	Denn, Charles	grson	11	TN	TN	TN	
	Dunn, Dorothy	grdaughter	1	TN	TN	TN	
224	Wagner, Nat	head	74	TN	TN	TN	
	Wagner, Jennie L.	wife	79	NC	NC	NC	
225	Crowder, Alexander	head	74	NC	NC	NC	farmer
	Crowder, Alice	wife	69	NC	NC	SC	
	Crowder, Mattie	daughter(wd)	27	TN	NC	NC	
	Crowder, Frances	grdaughter	9	TN	TN	TN	
	Crowder, Megrah	grdaughter	3	TN	TN	TN	
226	Horne, John	head	26	TN	TN	TN	laborer farm
	Horne, Mollie	wife	19	TN	TN	TN	
	Horne, Edward	son	3	TN	TN	TN	
	Horne, Barton	son	0	TN	TN	TN	
227	Horne, Howard	head	22	TN	TN	TN	laborer farm
	Horne, Maud	wife	17	TN	TN	TN	
228	Horne, Marthy	head	54	TN	TN	TN	
229	Mount, John Barton	head	24	TN	AL	TN	farmer
	Mount, Mary Muse	wife	21	CN	VA	VA	
	Mount, Wiley Brown	brother	25	TN	AL	TN	farmer
	Mount, Mary Vaught	sister in law	24	TN	TN	MS	
230	Horne, Worley	head	37	TN	TN	TN	laborer farm
	Horne, Bell	wife	27	NC	NC	NC	
	Horne, Emma	daughter	6	TN	TN	NC	
	Horne, Ruby	daughter	3	TN	TN	NC	
231	Tester, John L.	head	20	TN	TN	TN	laborer farm
	Tester, Susan	wife	19	TN	TN	TN	
232	Mays, John Winfred	head	31	NC	NC	NC	farmer
	Mays, Virginia P.	wife	31	TN	TN	TN	
	Mays, James E.	son	8	TN	NC	TN	

Family #	Name	Relation	Age	I	F	M	Occupation
	Mays, Larkin M.	son	6	TN	NC	TN	
	Mays, Judy	daughter	4	TN	NC	TN	
	Mays, Delores	daughter	0	TN	NC	TN	
233	Shull, James Roby	head	41	TN	TN	TN	farmer
	Shull, Addie Arnold	wife	38	TN	TN	TN	
	Shull, John D.	son	17	TN	TN	TN	
	Shull, Mary L.	daughter	15	TN	TN	TN	
	Shull, Joe C.	son	13	TN	TN	TN	
	Shull, Earl D.	son	12	TN	TN	TN	
	Shull, Jacqueline	daughter	3	TN	TN	TN	
234	Ward, Thomas Wilburn	head (wd)	54	TN	TN	TN	farmer
	Ward, Pauline	daughter	24	TN	TN	TN	
	Ward, Frank	son	18	TN	TN	TN	
	Ward, Woodrow	son	16	TN	TN	TN	
	Ward, Emma	daughter	13	TN	TN	TN	
	Ward, Ruth	daughter	9	TN	TN	TN	
235	Ward, James H.	head	23	TN	TN	TN	laborer farm
	Ward, Annie M.	wife	23	TN	TN	TN	
	Ward, Mabel	daughter	1	TN	TN	TN	
236	Gilbert, James D.	head	53	TN	TN	TN	laborer odd jobs
	Gilbert, Hannah	wife	45	NC	NC	NC	
	Gilbert, Clay	son	13	TN	TN	NC	
237	Hillard, Millard Filmore	head	70	NC	NC	NC	
	Hillard, Mollie	wife	44	NC	NC	NC	
238	Vannoy, John W.	head	47	NC	NC	NC	laborer sawmill
	Vannoy, Etta E.	wife	35	NC	NC	NC	
	Vannoy, Helen M.	daughter	15	TN	NC	NC	
	Vannoy, Nell	daughter	11	TN	NC	NC	
	Vannoy, Chloe	daughter	7	TN	NC	NC	
	Vannoy, Fred	son	2	TN	NC	NC	
	Vannoy, John Jr.	son	0	TN	NC	NC	
239	Bunting, Ottie M.	head	33	TN	TN	TN	laborer rayon plant
	Bunting, Ina Lee Stout	wife	32	TN	TN	TN	
	Bunting, Virginia	daughter	12	TN	TN	TN	
	Bunting, Marshal	son	11	TN	TN	TN	
	Bunting, Jay Fred	son	9	TN	TN	TN	
	Bunting, Mary M.	daughter	7	TN	TN	TN	
	Bunting, Opal	daughter	4	TN	TN	TN	
	Bunting, Barton R.	son	1	TN	TN	TN	
240	Arnold, William	head	54	TN	TN	TN	farmer
	Arnold, Liza	wife	48	TN	TN	TN	
	Arnold, Almus	son	25	TN	TN	TN	laborer farm
	Arnold, Raymond	son	14	TN	TN	TN	
241	Shull, Nathaniel C.	head	68	TN	TN	TN	farmer

Family #	Name	Relation	Age	I	F	M	Occupation
	Shull, Laura	wife	67	TN	TN	TN	
	Shull, Charles R,	son	25	TN	TN	TN	laborer farm
	Shull, Sara A.	dau in law	21	TN	TN	TN	
	Shull, Robert	grson	3	TN	TN	TN	
	Shull, Mildred	grdaughter	0	TN	TN	TN	
242	Stephens, Dexter	head	26	NC	NC	NC	laborer odd jobs
	Stephens, Loretta Fritts	wife	29	TN	TN	TN	
	Stephens, Ernest	son	0	TN	NC	TN	
243	Phillips, George A.	head	46	NC	NC	NC	farmer
	Phillips, Myrtle	wife	26	TN	TN	TN	
	Phillips, John W. Jr.	son	12	TN	NC	TN	
	Phillips, Earl	son	7	TN	NC	TN	
	Phillips, Gennett	daughter	1	TN	NC	TN	
	Phillips, John W.	father (wd)	74	NC	NC	NC	laborer farm
244	Arney, William C.	head	56	TN	TN	TN	farmer
	Arney, Margaret	wife	53	NC	NC	NC	
	Arney, Richard Kermit	son	19	TN	TN	TN	laborer farm
	Arney, Rebecca L.	daughter	17	TN	TN	TN	
	Arney, Bailly	son	14	TN	TN	TN	
	Tester, Smith	son in law	28	NC	NC	NC	laborer odd jobs
	Tester, Winnie	daughter	24	TN	TN	TN	
	Tester, Imogene	grdaughter	3	TN	NC	TN	
	Stephens, Earl	son in law	20	NC	NC	NC	laborer odd jobs
	Stephens, Hattie R.	daughter	21	TN	TN	TN	
245	Duvall, Wilson S.	head	21	NC	NC	NC	laborer farm
	Duvall, Lola F.	wife	20	TN	TN	TN	
246	Matheson, Carley	head	57	TN	NC	TN	farmer
	Matheson, Martha	wife	38	TN	TN	TN	
	Grindstaff, John	father in law	72	TN	TN	TN	
	Mains, Myrtle	boarder	12	TN	TN	TN	
247	Smith, William H.	head	48	TN	TN	TN	laborer farm
	Smith, Fannie P.	wife	38	TN	TN	TN	
	Smith, Georgia	daughter	19	TN	TN	TN	
	Smith, Wade	son	18	TN	TN	TN	laborer farm
	Smith, Milton	son	15	TN	TN	TN	
	Smith, Opal F.	daughter	12	TN	TN	TN	
	Smith, Maggie	daughter	8	TN	TN	TN	
	Smith, Bertha	daughter	6	TN	TN	TN	
	Smith, Robert B.	son	3	TN	TN	TN	
	Smith, Edina	daughter	0	TN	TN	TN	
248	Proffitt, MillardFilmore	head	50	TN	TN	TN	farmer
	Proffitt, Gary	son	25	TN	TN	TN	laborer farm
	Proffitt, Ora	daughter	23	TN	TN	TN	
	Proffitt, Orville	son	21	TN	TN	TN	laborer farm

Family #	Name	Relation	Age	I	F	M	Occupation
	Profitt, Carley	son	18	TN	TN	TN	
249	Walker, William Roby	head	55	NC	NC	NC	farmer
	Walker, Sallie D.	wife	46	TN	TN	TN	
	Walker, Herbert	son	25	TN	NC	TN	farmer
	Walker, Ray	son	21	TN	NC	TN	
	Walker, Georgia M.	daughter	19	TN	NC	TN	
	Walker, Beulah	daughter	17	TN	NC	TN	
	Walker, Adlee	daughter	15	TN	NC	TN	
	Walker, Joseph Paul	son	13	TN	NC	TN	
	Walker, Hugh	son	10	TN	NC	TN	
	Walker, Leota	daughter	5	TN	NC	TN	
	Walker, Linnie	dau in law	23	KY	KY	KY	
	Walker, Helen	grdaughter	5	WV	TN	KY	
	Walker, Blanch	grdaughter	3	WV	TN	KY	
	Walker, Robert S. (R.S)	grson	1	WV	TN	KY	
	Walker, Martitia	mother	82	NC	NC	NC	
250	Ward, Charles R.	head	44	TN	TN	TN	mail carrier
	Ward, Maud	wife	40	TN	TN	TN	
	Ward, Hazel	daughter	15	TN	TN	TN	
	Ward, Alma	daughter	12	TN	TN	TN	
251	Wilson, Joe C.	head	37	TN	TN	TN	farmer
	Wilson, Maud	wife	32	NC	NC	TN	
	Wilson, Richard L. (R.L.)	son	11	TN	TN	NC	
	Wilson, Helen	daughter	9	TN	TN	NC	
	Wilson, Susan	mother	66	TN	VA	TN	
	Davis, James Butler	uncle	56	TN	VA	TN	laborer farm

Fourth District enumeration ends here. Sixth District begins on page 85.
Notes:

84

Family #	Name	Relation	Age	I	F	M	Occupation
6th District							
1	Arnold, William Kenneth	head	46	TN	TN	TN	builder lime kiln
	Arnold, Elsie Adams	wife	21	TN	TN	TN	
	Arnold, Armour	son	12	TN	TN	TN	
	Arnold, J. D.	son	10	TN	TN	TN	
	Arnold, Opal	daughter	6	TN	TN	TN	
	Arnold, Rosnon	son	4	TN	TN	TN	
	Arnold, Dexter	son	2	TN	TN	TN	
2	Hicks, William H.	head	78	TN	TN	TN	pastor baptistchurch
	Hicks, Mary A.	wife	74	TN	SC	TN	
	Lowe, Pansy	grdaughter	14	TN	TN	TN	
3	McEwen, Sam R.	head	52	TN	TN	TN	farmer
	McEwen, Mary	wife	44	TN	TN	NC	
	McEwen, Paul	son	16	TN	TN	TN	
	McEwen, Grace	daughter	15	TN	TN	TN	
4	Campbell, James	head	40	TN	TN	TN	farmer
	Campbell, Lulu	wife	44	TN	TN	TN	
	Campbell, Vernon	son	18	TN	TN	TN	
	Arney, Shelton	cousin	16	TN	TN	TN	
5	Stout, John M.	head (wd)	72	TN	TN	TN	farmer
	Stout, Loretta	daughter	40	TN	TN	TN	
	Stout, Henry	son	30	TN	TN	TN	rfd mail carrier
	Stout, Mary L.	daughter	24	TN	TN	TN	
	Stout, Myrtle	dau in law	30	NC	NC	NC	
	Stout, Dean	grson	4	TN	TN	NC	
	Lowe, Stephen	boarder	29	TN	TN	TN	laborer farm
	Younce, Mary	boarder (wd)	57	NC	NC	NC	
6	Garland, Roosevelt	head	27	TN	TN	TN	laborer farm
	Garland, Sarah	wife	24	TN	TN	TN	
	Garland, Mossie	daughter	1	TN	TN	TN	
7	Wallace, Stacy	head	55	TN	TN	TN	farmer
	Wallace, Alice	wife	51	TN	TN	TN	
	Wallace, Bert	son	20	TN	TN	TN	
	Wallace, Ruby	daughter	16	TN	TN	TN	
	Wallace, Pearl	daughter	12	TN	TN	TN	
	Wallace, D.S.	son	8	TN	TN	TN	
8	Garland, Wm. Garfield	head	52	TN	TN	TN	farmer
	Garland, Cordelia	wife	46	TN	TN	TN	
	Shupe, Alice	daughter	19	TN	TN	TN	
	Osborne, Varina	daughter	18	TN	TN	TN	
	Garland, Burl	son	7	TN	TN	TN	
	Shupe, Emma	grdaughter	0	TN	TN	TN	
	Osborne, Hoover	grson	0	TN	TN	TN	
	Shupe, Frank	son in law	27	TN	TN	TN	carpenter

Family #	Name	Relation	Age	I	F	M	Occupation
9	Stout, Sam	head	53	TN	TN	TN	laborer odd jobs
	Stout, Ethel	wife	39	TN	TN	TN	laundress privte fam
	Arnold, Elsie	daughter(wd)	20	TN	TN	TN	
	Stout, Chelsea	daughter	18	TN	TN	TN	
	Stout, Earl	son	15	TN	TN	TN	
	Stout, Frank	son	12	TN	TN	TN	
	Stout, Lona	daughter	10	TN	TN	TN	
	Stout, Hazel	daughter	9	TN	TN	TN	
	Stout, Mary	daughter	6	TN	TN	TN	
	Stout, Walter	son	2	TN	TN	TN	
	Arnold, Mary V.	grdaughter	1	TN	TN	TN	
10	McEwen, Walsy	head	32	TN	TN	TN	farmer
	McEwen, Mary	mother (wd)	78	TN	TN	TN	
11	McEwen, Dana	head	27	TN	TN	TN	farmer
	McEwen, Mae	wife	26	TN	TN	TN	
	McEwen, Haggard	son	2	TN	TN	TN	
12	Estep, James	head	21	TN	TN	TN	farmer
	Estep, Linda	wife	23	NC	NC	NC	
13	Estep, John R.	head	58	TN	TN	TN	farmer
	Estep, Cordelia	wife	52	TN	TN	TN	
	Estep, Anna	daughter	28	TN	TN	TN	
	Estep, Onna	daughter	26	TN	TN	TN	
	Estep, Spencer	son	22	TN	TN	TN	laborer farm
	Estep, Nick	son	20	TN	TN	TN	laborer farm
	Estep, Maynard	son	18	TN	TN	TN	laborer farm
	Estep, Haskel	son	12	TN	TN	TN	
14	Morley, Will D.	head	63	TN	TN	TN	farmer
	Morley, Synthia	wife	58	TN	TN	TN	
15	Morley, Clint	head	67	TN	NC	NC	laborer farm
	Morley, Tilda	wife	38	TN	TN	TN	
	Morley, Connie	daughter	11	TN	TN	TN	
16	Campbell, Laura	head (wd)	40	TN	TN	TN	
	Campbell, Joe	son	19	TN	TN	TN	
	Campbell, Tom	son	18	TN	TN	TN	laborer odd jobs
	Campbell, Jessie	son	16	TN	TN	TN	laborer odd jobs
	Campbell, Anna	daughter	13	TN	TN	TN	
	Campbell, Roscoe	son	9	TN	TN	TN	
	Campbell, James	son	7	TN	TN	TN	
	Campbell, Ernest	son	5	TN	TN	TN	
	Campbell, Selmer	son	4	TN	TN	TN	
	Campbell, Vernon	son	0	TN	TN	TN	
17	DeLoach, Joe	head	46	TN	TN	NC	sawyer lumber mill

Family #	Name	Relation	Age	I	F	M	Occupation
	DeLoach, Dove	wife	36	NC	TN	NC	
	DeLoach, Carter	son	15	TN	TN	NC	
	DeLoach, Astor	son	12	TN	TN	NC	
	DeLoach, Marie	daughter	11	TN	TN	NC	
	DeLoach, Hazel	daughter	9	TN	TN	NC	
	DeLoach, L.E.	daughter	6	TN	TN	NC	
	DeLoach, Willard	son	5	TN	TN	NC	
	DeLoach, Lucy	daughter	3	TN	TN	NC	
	DeLoach, Kate	daughter	1	TN	TN	NC	
	DeLoach, Edsel	son	0	TN	TN	NC	
18	Garland, Samuel	head	30	TN	TN	TN	laborer farm
	Garland, Martha	wife	25	TN	TN	TN	
19	Garland, McKinley	head	37	TN	TN	TN	farmer
	Garland, Clara	wife	51	TN	TN	TN	
	Garland, Hector	son	14	TN	TN	TN	
	Garland, Venia	daughter	11	TN	TN	TN	
repeat 19	Swiney, Mary	head (wd)	49	TN	TN	TN	
	Swiney, Eliza	daughter	17	TN	TN	TN	
	Swiney, Wan	son	11	TN	TN	TN	
20	Swiney, Hobart	head	30	TN	TN	TN	farmer
	Swiney, Mary	wife	26	TN	TN	TN	
	Swiney, Clara	daughter	7	TN	TN	TN	
	Swiney, Jesse	son	3	TN	TN	TN	
	Swiney, Walter	son	0	TN	TN	TN	
21	Walker, John	head	57	TN	TN	TN	transferer silk mill
	Walker, Ellen	wife	43	TN	TN	TN	
	Walker, Brownlow	son	22	TN	TN	TN	spinner silk mill
	Walker, Lela	daughter	6	TN	TN	TN	
	Walker, Maggie	grdaughter	4	TN	TN	TN	
	Walker, Coy	grson	1	TN	TN	TN	
	Walker, Lissia	dau in law	20	TN	TN	TN	
	Arney, Isaac	nephew	19	TN	TN	TN	laborer odd jobs
22	Walker, Bill	head	25	TN	TN	TN	
	Walker, Laura	wife	26	TN	TN	TN	
	Walker, J.C.	son	7	TN	TN	TN	
	Walker, Hobart	son	5	TN	TN	TN	
	Walker, Elbert	son	2	TN	TN	TN	
23	Garland, Garrison	head	25	TN	TN	TN	laborerlumbrcamp
	Garland, Flossie	wife	19	TN	TN	TN	
	Garland, Sanford	son	4	TN	TN	TN	
	Garland, Mae	daughter	3	TN	TN	TN	
	Garland, W.H.	son	0	TN	TN	TN	
24	Arnold, John	head	56	TN	TN	TN	laborer odd jobs
	Arnold, Martha	wife	48	TN	TN	TN	

Family #	Name	Relation	Age	I	F	M	Occupation
	Arnold, Eugene	son	18	TN	TN	TN	laborer farm
	Arnold, Lona	daughter	6	TN	TN	TN	
	Arnold, J. E.	grson	7	TN	TN	TN	
25	Garland, Wheeler	head	53	TN	TN	TN	laborer odd jobs
	Garland, Bessie	wife	33	TN	TN	TN	laundress pri family
	Garland, Ed	son	13	TN	TN	TN	
	Garland, Robert	son	10	TN	TN	TN	
	Garland, Ruth	daughter	6	TN	TN	TN	
	Garland, Cecil	son	2	TN	TN	TN	
26	Stout, George	head	32	TN	TN	TN	laborer odd jobs
	Stout, Elsie	wife	32	TN	TN	TN	
	Stout, Tilly	son	7	TN	TN	TN	
27	Robinson, Emanuel	head	40	TN	TN	TN	farmer
	Robinson, Winnie	wife	34	TN	TN	TN	
	Robinson, Fern	daughter	13	TN	TN	TN	
	Robinson, Fay	daughter	12	TN	TN	TN	
	Robinson, Elmer	son	10	TN	TN	TN	
	Robinson, Selmer	son	10	TN	TN	TN	
	Robinson, Bonnie	daughter	7	TN	TN	TN	
	Robinson, Delmer	son	5	TN	TN	TN	
	Robinson, J.D.	son	3	TN	TN	TN	
	Robinson, Grace	daughter	1	TN	TN	TN	
28	McEwen, J. W.	head	36	TN	TN	TN	farmer
	McEwen, Ida	wife	33	TN	TN	TN	
	McEwen, Wanda	daughter	12	TN	TN	TN	
	McEwen, Jannia	daughter	9	TN	TN	TN	
	McEwen, Kate	daughter	6	TN	TN	TN	
	McEwen, Ralph	son	5	TN	TN	TN	
	McEwen, Charlotte	daughter	2	TN	TN	TN	
	McEwen, Bert	son	0	TN	TN	TN	
29	Rambo, Mollie	head (wd)	62	TN	TN	TN	
	Madron, Robert	grson	12	TN	TN	TN	
30	Rambo, Ohlan	head	23	TN	TN	TN	farmer
	Rambo, Venia	mother (wd)	50	TN	TN	TN	
	Rambo, Genevieve	sister	18	TN	TN	TN	
	Fritts, Eunice	boarder	22	TN	TN	TN	publicschoolteacher
31	Garland, Medford	head	22	TN	TN	TN	laborer farm
	Garland, Lucy	wife	21	TN	TN	TN	
	Garland, Sherrill	son	0	TN	TN	TN	
32	Arnold, Wilbern	head	39	TN	TN	TN	
	Arnold, Myrtle	wife	35	TN	TN	TN	
	Arnold, Harlan	son	12	TN	TN	TN	
	Arnold, R.B.	son	9	TN	TN	TN	
	Arnold, H.L.	son	7	TN	TN	TN	

Family #	Name	Relation	Age	I	F	M	Occupation
	Arnold, Howard	son	2	TN	TN	TN	
	Norris, Everett	step son	16	TN	TN	TN	
	Norris, Juanita	step daughter	14	TN	TN	TN	
33	Stout, Wayne	head	25	TN	TN	TN	farmer
	Stout, Maud	wife	22	TN	TN	TN	
	Stout, Ruth	daughter	2	TN	TN	TN	
34	Pleasant, R. B.	head	45	TN	TN	TN	merchant gen store
	Pleasant, Vena Price	wife	40	TN	TN	TN	
	Pleasant, Kyle	son	21	TN	TN	TN	
	Pleasant, King	son	16	TN	TN	TN	
	Pleasant, Karl	son	13	TN	TN	TN	
	Pleasant, Ova	daughter	11	TN	TN	TN	
	Pleasant, Kale	son	8	TN	TN	TN	
	Pleasant, Keys	son	7	TN	TN	TN	
	Pleasant, Klan	son	5	TN	TN	TN	
	Pleasant, Ona	daughter	2	TN	TN	TN	
35	Myers, George	head	39	TN	TN	TN	contractor road const
	Myers, Letha	wife	26	AL	AL	AL	
	Myers, Emma	daughter	12	AL	TN	AL	
	Myers, Gertrude	daughter	6	AL	TN	AL	
	Salter, Chesley	brotherinlaw	23	AL	AL	AL	laborer state road
36	Davis, Chester	head	42	TN	TN	TN	miller flour mill
	Davis, Nell	wife	29	TN	TN	TN	
	Davis, Sanford	son	9	TN	TN	TN	
	Davis, Elsie	daughter	7	TN	TN	TN	
	Davis, Gertrude	daughter	0	TN	TN	TN	
	Davis, Mary	mother	69	TN	TN	TN	
37	Allen, Arville	head	28	TN	TN	NC	farmer
	Allen, Vergie	wife	30	TN	TN	TN	
	Allen, Barbara	daughter	6	TN	TN	TN	
	Allen, Ralph	son	5	TN	TN	TN	
	Allen, Troy	son	3	TN	TN	TN	
	Allen, Coy	son	3	TN	TN	TN	
	Allen, Ruth	daughter	1	TN	TN	TN	
38	Robinson, John	head (wd)	58	TN	TN	TN	merchant gen store
	Robinson, Bessie	daughter	21	TN	TN	TN	
	Robinson, Lela	grdaughter	3	TN	TN	TN	
39	Proffitt, Sam	head	17	TN	TN	TN	laborer odd jobs
	Proffitt, Loretta	wife	16	TN	TN	TN	
40	Branch, Bill	head	18	TN	NC	TN	laborer farm
	Branch, Rosa	mother (wd)	53	TN	TN	TN	
	Branch, Masel	sister	15	TN	NC	TN	
	Branch, Roy	brother	8	TN	NC	TN	
41	Sneed, Eileen	head	20	TN	TN	TN	laborer odd jobs

Family #	Name	Relation	Age	I	F	M	Occupation
	Sneed, J. D.	son	4	TN	TN	TN	
	Sneed, Eleanor	daughter	3	TN	TN	TN	
42	Stout, Ed	head	22	TN	TN	TN	farmer
	Stout, Rana	wife	21	TN	TN	TN	
	Stout, Vernon	son	0	TN	TN	TN	
43	Stout, Dock	head	40	TN	TN	TN	farmer
	Stout, Lottie	wife	33	TN	TN	TN	
	Stout, Conley	son	14	TN	TN	TN	
	Stout, Dana	son	10	TN	TN	TN	
	Stout, J.R.	son	8	TN	TN	TN	
44	Mullins, Catherine	head	50	TN	TN	TN	laundressprivatefam
45	Pleasant, Will	head	52	TN	TN	NC	farmer
	Pleasant, Lillie	wife	52	TN	TN	TN	
46	Arnold, Gatha	head	52	TN	TN	TN	farmer
	Arnold, Laura	wife	53	TN	TN	TN	
	Arnold, Ohlen	nephew	19	TN	TN	TN	laborer odd jobs
47	Norris, Fleenor	head	26	TN	TN	TN	laborer farm
	Norris, Lottie	wife	25	TN	TN	TN	
	Norris, R.L.	son	7	TN	TN	TN	
	Norris, Lola	daughter	6	TN	TN	TN	
	Norris, Frances	daughter	3	TN	TN	TN	
	Norris, Brownlow	son	0	TN	TN	TN	
48	Peters, Bruce	head	33	TN	TN	TN	farmer
	Peters, Ivalee	wife	34	TN	TN	TN	
	Peters, Ava	daughter	15	TN	TN	TN	
	Peters, Bonnie	daughter	13	TN	TN	TN	
	Peters, Wayne	son	9	TN	TN	TN	
	Peters, Rosa	daughter	7	TN	TN	TN	
	Peters, Dessie	daughter	5	TN	TN	TN	
	Peters, Bob	son	1	TN	TN	TN	
49	Blevins, Ira	head	39	TN	TN	TN	farmer
	Blevins, Nelia	wife	30	TN	TN	TN	
	Blevins, Sells	son	9	TN	TN	TN	
	Blevins, W.J.	son	8	TN	TN	TN	
	Blevins, Cline	son	5	TN	TN	TN	
	Blevins, Carson	son	3	TN	TN	TN	
	Blevins, Emily	mother (wd)	61	TN	TN	TN	
50	Norris, Roby	head	75	TN	TN	TN	farmer
	Norris, Susan	wife	62	TN	TN	TN	
	Norris, Haskell	son	18	TN	TN	TN	
51	Pleasant, Bob	head	32	TN	TN	TN	laborer odd jobs
	Pleasant, Onnie	wife	28	TN	TN	TN	
	Pleasant, Weldon	son	8	TN	TN	TN	
	Pleasant, Nell	daughter	5	TN	TN	TN	

Family #	Name	Relation	Age	I	F	M	Occupation
	Pleasant, Ray	son	0	TN	TN	TN	
52	Elliott, Mathew	head	48	TN	TN	TN	farmer
	Elliott, Cassie	wife	42	TN	TN	TN	
	Elliott, Ruth	daughter	14	TN	TN	TN	
	Elliott, Estel	son	13	TN	TN	TN	
	Elliott, John	son	11	TN	TN	TN	
	Elliott, Bernice	daughter	9	TN	TN	TN	
	Elliott, Mary	daughter	6	TN	TN	TN	
	Elliott, Gennettie	daughter	4	TN	TN	TN	
	Elliott, Beulah	daughter	1	TN	TN	TN	
53	Nave, Lester	head	28	TN	TN	TN	laborer odd jobs
	Nave, Kate	wife	28	TN	TN	TN	
	Nave, Eva	daughter	6	TN	TN	TN	
	Nave, Nettie	mother (wd)	66	TN	TN	TN	
54	Garland, Garfield	head	49	TN	TN	TN	farmer
	Garland, Cordelia	wife	49	TN	TN	TN	
	Garland, Dennie	son	9	TN	TN	TN	
55	Estep, Wilburn	head	27	TN	TN	TN	farmer
	Estep, Golda	wife	23	TN	TN	TN	
	Estep, J.G.	son	1	TN	TN	TN	
	Estep, Stancil	brotherinlaw	14	TN	TN	TN	
56	Nave, Nick	head	17	TN	TN	TN	farmer
	Nave, Titcia	mother (wd)	51	TN	TN	TN	
	Nave, Willa	sister	18	TN	TN	TN	
57	Osborne, John	head	56	TN	TN	TN	laborer cuts poles
	Osborne, Susan	wife	51	TN	TN	TN	
	Osborne, Roby	son	18	TN	TN	TN	teamster hauls wood
	Osborne, Bertha	daughter	14	TN	TN	TN	
	Osborne, Lilly	daughter	11	TN	TN	TN	
58	Smith, Jim	head (wd)	73	TN	TN	TN	
59	Garland, Lillard	head	25	TN	TN	TN	truck driver
	Garland, Nina	wife	23	TN	TN	TN	
	Garland, D.L.	son	6	TN	TN	TN	
	Garland, Delford	son	4	TN	TN	TN	
	Garland, Dearl	son	3	TN	TN	TN	
	Gsrland, Keith	son	0	TN	TN	TN	
60	Stout, Joe	head	45	TN	TN	TN	farmer
	Stout, Martha	wife	40	TN	TN	TN	
	Stout, Leona	daughter	21	TN	TN	TN	
	Stout, Wm.Presley	son	13	TN	TN	TN	
	Stout, Wanda	daughter	8	TN	TN	TN	
	Stout, Mae	daughter	6	TN	TN	TN	
61	Arnold, Grant	head	51	TN	TN	TN	contractor
	Arnold, Cora	wife	49	TN	TN	TN	

Family #	Name	Relation	Age	I	F	M	Occupation
	Arnold, Windon	son	18	TN	TN	TN	
62	Arnold, Ed	head	30	TN	TN	TN	farmer
	Arnold, Eliza	wife	25	TN	TN	TN	
	Arnold, Delmar	son	9	TN	TN	TN	
	Arnold, Bernice	daughter	7	TN	TN	TN	
	Arnold, J.D.	son	5	TN	TN	TN	
	Arnold, Park	son	3	TN	TN	TN	
	Arnold, James	son	2	TN	TN	TN	
	Arnold, John	father (wd)	72	TN	TN	TN	teamster wood yard
63	Garland, Dalonie	head	57	TN	TN	TN	farmer
	Garland, Laura	wife	50	TN	TN	TN	
64	Robinson, Gordie	head	47	TN	TN	TN	farmer
	Robinson, Sallie Stout	wife	45	TN	TN	TN	
	Robinson, Winnie	daughter	18	TN	TN	TN	
	Robinson, Fred	son	16	TN	TN	TN	
	Robinson, Lena	daughter	10	TN	TN	TN	
	Robinson, Eliza	daughter	8	TN	TN	TN	
	Robinson, Mary	daughter	7	TN	TN	TN	
	Robinson, Hazel	daughter	4	TN	TN	TN	
	Robinson, Susan	mother (wd)	69	TN	TN	TN	
65	Garland,L.M.(Preacher)	head	58	TN	TN	TN	farmer
	Garland, Cora Campbell	wife	59	TN	TN	TN	
	Garland, Tillis	son	16	TN	TN	TN	
	Garland, Rachel	mother (wd)	78	TN	TN	TN	
66	Robinson, Garfield	head	43	TN	TN	TN	farmer
	Robinson, Norma	wife	50	TN	TN	TN	
67	Gentry, Blaine	head	46	TN	TN	TN	farmer
	Gentry, Lottie	wife	38	TN	TN	TN	
	Gentry, Alton	son	17	TN	TN	TN	
	Gentry, Paul	son	15	TN	TN	TN	
	Gentry, Albert Barton	son	12	TN	TN	TN	
	Gentry, Mary	daughter	9	TN	TN	TN	
	Morley, Anna Ruth	boarder	26	TN	TN	TN	publicschoolteacher
68	Stalcup, Homer	head	26	TN	TN	TN	farmer
	Stalcup, Nelia	mother (wd)	53	TN	TN	TN	
	Stalcup, Ray	brother	23	TN	TN	TN	laborer farm
	Johnson, Georgia	boarder	24	TN	TN	TN	publicschoolteacher
69	Stalcup, Bill	head	67	TN	TN	TN	farmer
	Stalcup, Callie	wife	65	TN	TN	TN	
	Kite, Holland	grson	21	TN	TN	TN	laborer farm
	Kite, Ola	grdaughter	19	TN	TN	TN	
70	Lowe, Will	head	63	TN	TN	TN	farmer
	Lowe, Tilda	wife	46	TN	TN	TN	
	Lowe, Julia	daughter	10	TN	TN	TN	

Family #	Name	Relation	Age	I	F	M	Occupation
	Lowe, Maggie	daughter	6	TN	TN	TN	
	Lowe, Ollie	daughter	6	TN	TN	TN	
	Lowe, Henry	son	4	TN	TN	TN	
	Lowe, Verdie	daughter	2	TN	TN	TN	
	Lowe, Robert	son	1	TN	TN	TN	
71	Rainbolt, Ed	head	34	TN	TN	TN	farmer
	Rainbolt, Bertha	wife	34	TN	TN	TN	
	Rainbolt, Grace	daughter	9	TN	TN	TN	
	Rainbolt, Buna	daughter	7	TN	TN	TN	
	Rainbolt, Park	son	5	TN	TN	TN	
	Rainbolt, Mae	daughter	1	TN	TN	TN	
	Rainbolt, Beckie	grmother(wd)	73	TN	TN	TN	
72	Robinson, Doug	head	65	TN	TN	TN	farmer
	Robinson, Sallie	wife	59	TN	TN	TN	
73	Norris, Frank	head	35	TN	TN	TN	sawyer lumber mill
	Norris, Eunice	wife	33	TN	TN	TN	
	Norris, Sylvia	daughter	2	TN	TN	TN	
	Pleasant, Rosa	step daughter	10	TN	TN	TN	
	Pleasant, Garfield Jr.	step son	6	TN	TN	TN	
	Pleasant, Cora	step daughter	4	TN	TN	TN	
74	Garland, Will	head	34	TN	TN	TN	farmer
	Garland, Lillie	wife	33	TN	TN	TN	
	Garland, Farris	son	8	TN	TN	TN	
	Garland, Fay	daughter	7	TN	TN	TN	
	Garland, Gertrude	daughter	5	TN	TN	TN	
	Garland, Effie	daughter	1	TN	TN	TN	
75	Jones, J. O.	head	49	TN	NC	TN	farmer
	Jones, Minnie	wife	49	TN	TN	TN	
	Jones, Mina C.	daughter	7	TN	TN	TN	
76	Jones, Roby	head	36	TN	TN	TN	farmer
	Jones, Essie	wife	29	TN	TN	TN	
	Jones, Virginia	daughter	6	TN	TN	TN	
	Jones, Velma	daughter	1	TN	TN	TN	
77	Jones, Julia	head (wd)	72	TN	TN	TN	
	Jones, Sarah	daughter	43	TN	TN	TN	
78	Allen, Bob	head	42	TN	TN	TN	farmer
	Allen, Callie	wife	43	TN	TN	TN	
	Gentry, Fina	motherinlaw	73	TN	TN	TN	
79	Gentry, Wm. L.	head	52	TN	TN	TN	farmer
	Gentry, Cora	wife	46	TN	TN	TN	
	Gentry, Harry	son	22	TN	TN	TN	
	Gentry, Isal	daughter	16	TN	TN	TN	
	Gentry, Irene	daughter	14	TN	TN	TN	
	Gentry, Robert	son	12	TN	TN	TN	

Family #	Name	Relation	Age	I	F	M	Occupation
	Gentry, Dorothy	daughter	9	TN	TN	TN	
80	Gentry, Maynard	head	29	TN	TN	TN	carpnterbridgeforms
	Gentry, Lee	wife	25	TN	TN	TN	
	Gentry, June L.	daughter	8	TN	TN	TN	
81	Fritts, Roy	head	50	TN	TN	TN	farmer
	Fritts, Stella	wife	34	TN	TN	TN	
	Fritts, Tina	daughter	16	TN	TN	TN	
	Fritts, Ronda	son	14	TN	TN	TN	
	Fritts, Clyde	son	12	TN	TN	TN	
	Fritts, R.D.	son	11	TN	TN	TN	
	McEwen, Lula	lodger (wd)	95	TN	TN	TN	
82	Matherly, Eddie	head (wd)	38	TN	TN	TN	
	Myers, Chester	nephew	13	TN	TN	TN	
83	Matherly, Blaine	head	46	TN	TN	TN	farmer
	Matherly, Winnie	wife	38	TN	TN	TN	
	Matherly, Annie	daughter	16	TN	TN	TN	
	Matherly, Claude	son	14	TN	TN	TN	
	Matherly, Dale	son	11	TN	TN	TN	
	Matherly, Van	son	8	TN	TN	TN	
	Matherly, Louvenia	daughter	5	TN	TN	TN	
84	Matherly, Joe	head	73	TN	TN	TN	farmer
	Matherly, Callie	wife	52	TN	TN	TN	
	Matherly, Clyde	son	30	TN	TN	TN	farmer
	Matherly, Norma	dau in law	22	TN	TN	TN	
85	Matherly, John	head	78	TN	TN	TN	
	Matherly, Lillie	wife	53	TN	TN	TN	
	Matherly, Ruby	daughter	13	TN	TN	TN	
	Matherly, Selma	daughter	11	TN	TN	TN	
	Matherly, Ruth	dau in law	24	TN	TN	TN	
	Matherly, Marie	grdaughter	3	TN	TN	TN	
	Matherly, Homer	grson	1	TN	TN	TN	
86	Matherly, Elmo	head	36	TN	TN	TN	farmer
	Matherly, Alta	wife	35	TN	TN	TN	
	Matherly, John	son	12	TN	TN	TN	
	Matherly, Tennie	daughter	10	TN	TN	TN	
	Matherly, Ector	son	0	TN	TN	TN	
87	McDonald, Pat	head	57	NY	NI	NI	laborer farm
	McDonald, Lucy	wife	49	OH	OH	OH	
	McDonald, Hazel	daughter	12	TN	NY	OH	
88	Grindstaff,J.M.(Millard)	head	47	TN	TN	TN	merchant gen store
	Grindstaff, Winnie	wife	38	TN	TN	TN	
	Grindstaff, Margery M.	daughter	19	TN	TN	TN	
	Grindstaff, Dorthy	daughter	15	TN	TN	TN	
	Grindstaff, Geneva	daughter	11	TN	TN	TN	

Family #	Name	Relation	Age	I	F	M	Occupation
	Grindstaff, Coolidge	son	8	TN	TN	TN	
89	Rainbolt, Valentine	head (wd)	71	TN	TN	TN	
	Rainbolt, McKinley	nephew	33	TN	TN	TN	farmer
	Rainbolt, Myrtle	niece	33	TN	TN	TN	
	Rainbolt, Keith	gr nephew	8	TN	TN	TN	
90	McQueen, Roe	head	38	TN	TN	TN	farmer
	McQueen, Hazel	wife	30	TN	TN	TN	
	McQueen, Fay	daughter	12	TN	TN	TN	
	McQueen, Eurania	daughter	10	TN	TN	TN	
	McQueen, Kyle	son	5	TN	TN	TN	
91	Andrews, Arlie	head	22	TN	TN	NC	laborer farm
	Andrews, Myrtle	wife	21	TN	TN	TN	
	Andrews, Ila	daughter	3	TN	TN	TN	
92	McQueen, Wade	head	62	TN	TN	TN	farmer
	Slimp, Mildred	daughter	22	TN	TN	TN	
	McQueen, Brad	son	17	TN	TN	TN	laborer farm
	McQueen, Hazel	daughter	14	TN	TN	TN	
	Slimp, Edward	son in law	24	TN	TN	TN	laborer farm
	Slimp, Frances	grdaughter	2	TN	TN	TN	
	Slimp, James	grson	1	TN	TN	TN	
93	McCloud, Walter	head	26	TN	TN	TN	laborerfurniturefact
	McCloud, Oliveen	wife	19	TN	TN	TN	
	McCloud, Mary E.	daughter	1	TN	TN	TN	
94	Lipford, Lincoln	head	65	TN	NC	TN	farmer
	Lipford, Ellen	wife	59	TN	VA	TN	
	Lipford, Tine	son (wd)	33	TN	TN	TN	laborer power line
	Lipford, Dana	son	30	TN	TN	TN	laborer state hwy
	Lipford, Claude	son	25	TN	TN	TN	laborer farm
	Lipford, Alma	grdaughter	12	TN	TN	TN	
	Lipford, Eliza	grdaughter	10	TN	TN	TN	
	Lipford, Joe	grson	8	TN	TN	TN	
95	Lipford, Earl	head	27	TN	TN	TN	laborer power line
	Lipford, Pearl	wife	30	TN	TN	TN	
	Lipford, Ruth	daughter	5	TN	TN	TN	
	Lipford, Glenn(Buster)	son	3	TN	TN	TN	
96	McQueen, L. L.	head	75	TN	TN	TN	farmer
	McQueen, Catherine	wife	81	TN	TN	TN	
	Glover, Ida	servant	35	TN	TN	TN	servantprivatefamily
	Glover, Wilma	servant dau	13	TN	TN	TN	
	Glover, Helen	servant dau	7	TN	TN	TN	
	Glover, Harold	servant son	5	TN	TN	TN	
97	McCloud, William	head	60	TN	TN	TN	laborer odd jobs
	McCloud, Mary E.	wife	57	TN	TN	TN	
	McCloud, Ina	daughter	32	TN	TN	TN	

Family #	Name	Relation	Age	I	F	M	Occupation
	McCloud, Harry	son	22	TN	TN	TN	laborer state hwy
	McCloud, Robert	son	17	TN	TN	TN	
98	Lipford, Arch	head	54	TN	TN	TN	laborer state hwy
	Lipford, Tishia	wife	52	TN	TN	TN	
	Lipford, Fred	son	7	TN	TN	TN	
	Lipford, Beula	daughter	5	TN	TN	TN	
99	Shoun, Arthur	head	43	TN	TN	TN	machinist furn fact
	Shoun, Grace	wife	38	TN	TN	TN	
	Shoun, George	son	12	TN	TN	TN	
	Shoun, John	son	10	TN	TN	TN	
	Shoun, Edna	daughter	7	TN	TN	TN	
	Shoun, Arthur Jr.	son	4	TN	TN	TN	
	Kite, George	nephew	13	AZ	TN	AZ	
100	Collins, Emma	head	30	TN	TN	TN	
	Collins, George	son	8	TN	TN	TN	
	Collins, Charline	daughter	6	TN	TN	TN	
	Collins, Tommy	son	0	TN	TN	TN	
101	Kite, George	head	45	TN	TN	TN	sawyer lumber mill
	Kite, Bertie	wife	47	TN	TN	TN	
	Kite, Joseph Winfield	father	74	TN	TN	TN	
	Kite, Mary	mother	76	TN	TN	TN	
102	Kite, Hiram W.	head	69	TN	NC	TN	farmer
	Kite, Bertie	wife	44	TN	TN	TN	
	Kite, J.D.	son	13	TN	TN	TN	
	Kite, Ladora	daughter	11	TN	TN	TN	
103	Kite, Willard	head	20	TN	TN	TN	laborer odd jobs
	Kite, Maud	wife	20	TN	TN	TN	
	Kite, Marie	daughter	1	TN	TN	TN	
	Kite, Thomas W. Jr.	son	0	TN	TN	TN	
104	Stout, Alvin	head	38	TN	TN	NC	laborer farm
	Stout, Fannie	wife	28	TN	TN	NC	
	Stout, Hazel	daughter	16	TN	TN	TN	
	Stout, Novil	daughter	15	TN	TN	TN	
	Stout, Ercel	daughter	14	TN	TN	TN	
	Stout, Ralph	son	11	TN	TN	TN	
	Stout, Sylvia	daughter	9	TN	TN	TN	
105	McQueen, Guy	head	27	TN	TN	TN	plumber plumb shop
	McQueen, Lydia	wife	25	TN	TN	TN	
	McQueen, Edwina	daughter	5	TN	TN	TN	
	Osborne, Leonard	brotherinlaw	12	TN	TN	TN	
106	Campbell, Bud	head	27	TN	TN	TN	laborer farm
	Campbell, Ruby	wife	18	TN	TN	TN	
	Campbell, George	son	0	TN	TN	TN	
	Campbell, Jimmy	cousin	5	TN	TN	TN	

Family #	Name	Relation	Age	I	F	M	Occupation
107	Stout, Alex	head	44	TN	TN	TN	laborer state hwy
	Stout, Retta	wife	40	TN	TN	TN	
	Stout, Spencer	son	18	TN	TN	TN	truckdriverlumbrml
	Stout, Ona	daughter	10	TN	TN	TN	
	Stout, Clyde	son	9	TN	TN	TN	
	Stout, Edward	son	5	TN	TN	TN	
108	Lunceford, Noah	head	56	NC	TN	NC	laborer farm
	Lunceford, Catherine	wife	60	NC	TN	TN	
109	Blackburn, James	head	73	TN	TN	NC	cobbler shoesharness
	Blackburn, Mary	wife	72	TN	TN	TN	
	Robinson, Elizabeth	lodger (wd)	50	TN	TN	TN	
	Robinson, Emmaline	lodger dau	9	TN	TN	TN	
	Robinson, Titcia	lodger dau	7	TN	TN	TN	
	Robinson, Rosa	lodger dau	5	TN	TN	TN	
110	Campbell, Sam	head	36	TN	TN	TN	teamster log camp
	Campbell, Alice	wife	49	TN	TN	TN	
	Campbell, Laura	daughter	15	TN	TN	TN	
	Campbell, Lester	son	10	TN	TN	TN	
	Campbell, Hester	daughter	10	TN	TN	TN	
	Campbell, Rosa	daughter	7	TN	TN	TN	
	Lunceford, Pearl	step daughter	26	TN	TN	TN	
	Lunceford, Barna	stepsoninlaw	25	TN	NC	TN	laborer lumber mill
	Lunceford, Frances	step gr dau	2	TN	TN	TN	
	Lunceford, Gordie	step gr son	0	TN	TN	TN	
111	Stevens, Benjamin F.	head	53	NC	NC	NC	farmer
	Stevens, Sarah	wife	50	TN	TN	TN	
	Stevens, Lilly	daughter	19	TN	NC	TN	
	Stevens, Florence	daughter	16	TN	NC	TN	
	Stevens, Ida	daughter	15	TN	NC	TN	
	Stevens, Jessie	daughter	14	TN	NC	TN	
	Stevens, Maude	daughter	13	TN	NC	TN	
	Stevens, Frank	son	10	TN	NC	TN	
112	Morefield, Jacob	head	50	TN	TN	TN	laborer farm
	Morefield, Mary	wife	40	TN	TN	TN	
	Morefield, Frank	son	10	TN	TN	TN	
113	Moreland, Filmore	head	67	TN	TN	TN	farmer
	Moreland, Nancy	wife	65	TN	TN	TN	
	Moreland, Danford	son	16	TN	TN	TN	
114	Blackburn, W. B.	head	41	TN	TN	TN	farmer
	Blackburn, Mary	wife	38	TN	TN	TN	
	Blackburn, Crathie	daughter	18	TN	TN	TN	
	Blackburn, Janilee	daughter	16	TN	TN	TN	
	Blackburn, Lexie	daughter	13	TN	TN	TN	
	Blackburn, Carl	son	11	TN	TN	TN	

Family #	Name	Relation	Age	I	F	M	Occupation
	Blackburn W. A.	son	8	TN	TN	TN	
	Blackburn, Grace	daughter	5	TN	TN	TN	
	Blackburn, Christine	daughter	3	TN	TN	TN	
	Blackburn, Georgia	daughter	0	TN	TN	TN	
115	Matherly, Ed	head	41	TN	TN	TN	farmer
	Matherly, Georgia	wife	34	TN	TN	TN	
	Matherly, Guy	son	16	TN	TN	TN	
	Matherly, Murle	son	13	TN	TN	TN	
	Matherly, Bonnie Lee	daughter	12	TN	TN	TN	
	Matherly, Esther	daughter	10	TN	TN	TN	
	Matherly, Mildred	daughter	8	TN	TN	TN	
	Matherly, Virginia	daughter	6	TN	TN	TN	
	Matherly, Margie	daughter	5	TN	TN	TN	
	Matherly, Marie	daughter	5	TN	TN	TN	
	Cress, George	father in law	78	TN	VA	VA	
116	Campbell, Bob	head	50	TN	TN	TN	farmer
	Campbell, Lucy	wife	34	TN	TN	TN	
	Campbell, Charles	son	2	TN	TN	TN	
117	Fletcher, Dan	head	68	TN	TN	TN	farmer
	Fletcher, Sarah	wife	64	TN	TN	TN	
	Fish, Madonna	daughter	24	TN	TN	TN	
118	Copley, Thomas	head	81	TN	TN	NC	farmer
	Copley, Caldonia	wife	68	TN	TN	TN	
119	Hopkins, Willie	head	40	TN	TN	TN	laborer state hwy
	Hopkins, Pearl	wife	30	VA	VA	VA	
	Hopkins, Lue	daughter	6	TN	TN	VA	
	Hopkins, D.S.	son	3	TN	TN	VA	
120	Hopkins, Jim	head	38	TN	TN	TN	laborer state hwy
	Hopkins, Mary	wife	33	TN	NC	TN	
	Hopkins, Nellie	daughter	13	TN	TN	TN	
	Hopkins, Florence	daughter	6	TN	TN	TN	
	Hopkins, Cora	daughter	4	TN	TN	TN	
	Hopkins, Brookshire	son	2	TN	TN	TN	
repeat 103	McQueen, Brookshire	head	22	TN	TN	TN	farmer
	McQueen, Opal	wife	20	TN	TN	TN	
repeat 104	McQueen, Sherman	head	51	TN	TN	TN	farmer
	McQueen, Mollie	wife	49	TN	TN	TN	
	McQueen, Shelton	son	19	TN	TN	TN	laborer farm
	McQueen, Fuller	son	17	TN	TN	TN	laborer farm
	McQueen, Willard	son	14	TN	TN	TN	laborer farm
	McQueen, J.S.	son	11	TN	TN	TN	
repeat 105	Fletcher, Noah	head	32	TN	TN	TN	farmer
	Fletcher, Effie	wife	23	TN	TN	TN	
	Fletcher, Cleona	daughter	4	TN	TN	TN	

Family #	Name	Relation	Age	I	F	M	Occupation
	Fletcher, Spencer	son	2	TN	TN	TN	
	Fletcher, Millard	son	1	TN	TN	TN	
repeat 106	Hodge, Norman	head	30	TN	TN	TN	laborer odd jobs
	Hodge, Golda	wife	24	TN	TN	TN	
	Hodge, Sylvia	daughter	1	TN	TN	TN	
	Hodge, Eliza	daughter	0	TN	TN	TN	
	Arnett, Mary Eylene	motherinlaw	52	TN	TN	TN	
repeat 107	Murray, Jacob	head (wd)	45	TN	TN	TN	laborer furniturefact
	Murray, Isabell	mother (wd)	75	TN	TN	GA	
	Murray, Daniel Boone	brother	43	TN	TN	TN	laborer farm
	Murray, Isabell	sister	37	TN	TN	TN	
	Murray, Wm. Robert	nephew	17	TN	TN	TN	
	Proffitt, Dan	uncle (wd)	63	TN	TN	TN	laborer odd jobs
repeat 108	Fletcher, Richard	head	42	TN	TN	TN	farmer
	Fletcher, Alice	mother (wd)	65	TN	TN	TN	
	Fletcher, Dorsey	brother	16	TN	TN	TN	
repeat 109	Stout, Butler	head	44	TN	TN	TN	log turner lmbr mill
	Stout, Mollie	wife	36	TN	TN	TN	
	Stout, James	son	19	TN	TN	TN	laborer farm
	Stout, Floyd	son	17	TN	TN	TN	laborer farm
repeat 110	Grindstaff, Vaught	head	47	TN	TN	TN	farmer
	Grindstaff, Ossie	wife	46	TN	TN	TN	
	Grindstaff, John	father(wd)	80	TN	TN	TN	
	Hamilton, Edith O.	niece	13	TN	TN	TN	
repeat 111	Phillips, Cora	head	29	TN	TN	TN	
	Brown, J. C.	son	7	TN	TN	TN	
	Brown, Marcelene	daughter	5	TN	TN	TN	
	Brown, Dorthy	daughter	2	TN	TN	TN	
repeat 112	Campbell, Robert	head	39	TN	TN	TN	farmer
	Campbell, Nancy	wife	51	TN	TN	TN	
	Robinson, Bertha	cousin	11	TN	TN	TN	
repeat 113	Elliott, Ellamay	head (wd)	27	TN	TN	TN	laundressprivatefam
	Elliott, Fred	son	11	TN	TN	TN	
	Elliott, Warren	son	9	TN	TN	TN	
	Elliott, Nell	daughter	5	TN	TN	TN	
repeat 114	Arney, Wilder	head	37	TN	TN	TN	farmer
	Arney, Nora	wife	39	TN	TN	TN	
	Arney, Broughton	son	15	TN	TN	TN	
	Arney, Gaines	son	12	TN	TN	TN	
	Arney, Bruce	son	8	TN	TN	TN	
repeat 115	Allen, J. W. R.	head	66	TN	TN	TN	farmer
	Allen, Fina Bailey	wife	43	TN	TN	TN	
	Bailey, Ruth	step daughter	11	TN	TN	TN	
repeat 116	Stalcup, Stacy	head	41	TN	TN	TN	farmer

Family #	Name	Relation	Age	I	F	M	Occupation
	Stalcup, Alice	wife	41	TN	TN	TN	
	Stalcup, Leslie	son	17	TN	TN	TN	laborer farm
	Stalcup, Laura	daughter	15	TN	TN	TN	
	Stalcup, Hazel	daughter	11	TN	TN	TN	
	Stalcup, J.A.	son	8	TN	TN	TN	
repeat 117	Kite, Ronda	head	18	TN	TN	TN	laborer farm
	Kite, Lexie	wife	17	TN	TN	TN	
	Kite, Ralph	son	1	TN	TN	TN	
repeat 118	Stalcup, Ray	head	43	TN	TN	TN	farmer
	Stalcup, Mae	wife	39	TN	TN	TN	
	Stalcup, Annie	daughter	16	TN	TN	TN	
	Stalcup, Wanda	daughter	12	TN	TN	TN	
	Stalcup, A.J.	son	10	TN	TN	TN	
	Stalcup, Martha	daughter	0	TN	TN	TN	
repeat 119	Norris, Richard	head	81	TN	TN	TN	farmer
	Norris, Polly	wife	55	TN	TN	TN	
	Norris, Joe Flign	son	24	TN	TN	TN	laborer farm
	Norris, Clarence	son	22	TN	TN	TN	laborer farm
	Norris, Ray	son	21	TN	TN	TN	laborer farm
	Norris, Archie	son	16	TN	TN	TN	
repeat 120	Norris, Walter	head	32	TN	TN	TN	farmer
	Norris, Mabel	wife	22	TN	TN	TN	
	Norris, W.G.	son	4	TN	TN	TN	
	Norris, Stanley	son	3	TN	TN	TN	
121	Mullins, Raymond	head	24	TN	TN	TN	laborer odd jobs
	Mullins, Alice	mother (wd)	54	TN	TN	TN	
	Mullins, Ronda	brother	13	TN	TN	TN	
122	Norris, John Evans	head	35	TN	TN	TN	
	Norris, Rader Mullins	wife	27	TN	TN	TN	
	Norris, Villa Lee	daughter	10	TN	TN	TN	
	Norris, J.E.	son	8	TN	TN	TN	
	Norris, Marie	daughter	7	TN	TN	TN	
	Norris, K.D.	son	0	TN	TN	TN	
	Mullins, Eliza	sister in law	35	TN	TN	TN	
123	Robinson, Joe H.	head	55	TN	TN	TN	farmer
	Robinson, Julia	wife	53	TN	TN	TN	
	Robinson, Kyle	son	24	TN	TN	TN	laborer farm
	Robinson, Effie	dau in law	23	TN	TN	TN	
124	DeLoach, Roscoe	head	36	TN	TN	TN	farmer
	DeLoach, Stella	wife	36	TN	TN	TN	
	DeLoach, Clyde	son	16	TN	TN	TN	laborer farm
	DeLoach, Howard	son	11	TN	TN	TN	
	DeLoach, Anna Mae	daughter	10	TN	TN	TN	
	DeLoach, J.G.	son	8	TN	TN	TN	

Family #	Name	Relation	Age	I	F	M	Occupation
	DeLoach, Ella M.	daughter	6	TN	TN	TN	
	DeLoach, Pauline	daughter	4	TN	TN	TN	
	DeLoach, Mary B.	daughter	2	TN	TN	TN	
125	Garland, Tilson	head	61	TN	TN	TN	farmer
	Garland, Ollie Jenkins	wife	56	TN	TN	TN	
	Arney, Adrian	grson	17	TN	TN	TN	laborer farm
	Arney, Guy	grson	12	TN	TN	TN	
126	Garland, Clyde	head	36	TN	TN	TN	farmer
	Garland, Chelsea	wife	36	TN	TN	TN	
127	Garland, Len	head	27	TN	TN	TN	laborer farm
	Garland, Letha	wife	27	TN	TN	TN	
	Garland, Charles	son	6	TN	TN	TN	
	Arney, Fred	nephew	14	TN	TN	TN	
128	Matheson, Bob	head	55	TN	TN	TN	
	Matheson, Verdie Slimp	wife	49	TN	TN	TN	
	Matheson, James	son	14	TN	TN	TN	laborer farm
	Matheson, Ora	daughter	13	TN	TN	TN	
	Matheson, Luther	son	12	TN	TN	TN	laborer farm
	Matheson, Avery	son	8	TN	TN	TN	
129	Kite, Will	head	48	TN	TN	TN	farmer
	Kite, Maggie	wife	42	TN	TN	TN	
	Kite, Conley	son	14	TN	TN	TN	
	Kite, Edward	son	12	TN	TN	TN	
	Kite, Reece	son	8	TN	TN	TN	
	Kite, Cassie	daughter	2	TN	TN	TN	
130	Stout, Allen	head	22	TN	TN	TN	farmer
	Stout, Millicent	wife	19	TN	TN	TN	
	Stout, Rosa L.	daughter	1	TN	TN	TN	
131	Phipps, David	head	60	TN	TN	TN	farmer
	Phipps, Tishia	wife	51	TN	TN	TN	
	Phipps, Peter	son	11	TN	TN	TN	

Sixth District enumeration ends here. Volume One enumeration ends here.
Index for Volume One begins on next page.
Notes:

ADKINS			ARNEY			ARNOLD			ARNOLD		
Martha	40		Ada	32		Duff	68		Vivian	30	
			Adrian	101		Ed	92		Walter	68	
ALBERT			Alfred Gorden	70		Edna	46		Wilbern	88	
Kimberly	16		Alma	79		Eliza	76		Wiley	68	
Robert	16		Annie	70		Eliza	92		William	69	
			Bailly	83		Elizabeth	68		William	82	
ALLEN			Broughton	99		Elsie	86		Windon	92	
Arville	89		Bruce	99		Elsie Adams	85		Wm. Kenneth	85	
Barbara	89		Carl	32		Ernest E.	69				
Bob	93		Donnie	70		Eugene	88		ATWOOD		
Callie	93		Eliza Moody	79		Flora	69		Beatrice	4	
Coy	89		Evelyn	32		Flora L.	69		Clyde	34	
Fina B.	99		Fred	101		Fred	46		Doris	4	
J.W.R.	99		Gaines	99		Gatha	90		Edward	34	
Ralph	89		Golda	79		Glenden	69		Emma	34	
Ruth	89		Guy	101		Grace	69		Eva	4	
Troy	89		Hazel	79		Grant	91		George	5	
Vergie	89		Isaac	87		H. L.	88		George	34	
			Jack	70		Harlan	88		James	4	
ANDERSON			Joe	18		Howard	89		Maude	4	
Alice	48		John	70		J.D.	85		Rachel	5	
Altie	48		John Edgar	79		J.D.	92		Ruby	4	
Archie	53		Margaret	83		J.E.	88		Ruth	34	
Arley Blaine	48		Mary	70		Jack	69		Stanley	34	
Charlie F.	48		Nora	99		James	92		Vernie	4	
Chastine	51		Porter	33		James R.	69		Wylie	4	
Chloe	51		Rebecca L.	83		Joe	68				
Dayton	53		Richard K.	83		John	68		BAILEY		
Don	46		Shelton	85		John	87		Darrill	6	
Earl	53		Thomas A.	70		John	92		Ethel	6	
Estel	53		Trula	33		John Ham	68		Glenn	6	
Flossie	46		Velma	32		Laura	90		Ruth	99	
Freda	72		Virginia	70		Liza	82				
Gladys	53		Wayne	79		Lona	88		BAKER		
Hollie	46		Wilder	99		Louise	46		Alex M.	45	
Inez	48		William	32		Mack	69		Carl	43	
John (Jack)	48		William C.	83		Marshall	30		Daniel B.	45	
Lucinda	53					Marshall	68		Edna	45	
Myrtle	72		ARNOLD			Martha	87		John	43	
Norman	48		Alex	46		Mary V.	86		Lillie	43	
Ola Mae	46		Alex H.	68		Myrtle	88		Louise	43	
Sarah	53		Almus	82		Nannie	30		Louise	43	
Theodore	48		Aquilla	76		Ohlen	90		Nell	43	
Thomas B.	46		Armour	85		Onie	69		Ruth	43	
Va. Blanch	48		Beatrice	30		Opal	85		Sarah	43	
Vicie	51		Bernice	92		Park	92		Sarah	45	
Willine	72		Beulah	68		R.B.	88				
			Caroline	58		Rachel	19		BARKER		
ANDREWS			Claude	68		Raymond	82		Emma	35	
Arley	95		Coolidge	68		Rosalee	68		James L.	34	
Ila	95		Cora	91		Rosnon	85				
Myrtle	95		Danny	58		Ross	69		BANNER		
			David	69		Sarah	68		Joe L.	16	
ARNETT			Delmar	92		Velma	68				
Mary Eylene	99		Dexter	85		Vick	68		BEAN		
									Sallie K.	17	

BLACK		BOWMAN		BREWER		BUNTING	
Edward	12	Annie	30	Claude	25	Barton R.	82
Eula	12	Annie	54	Corsie	25	Ina Lee Stout	82
Lockie	12	Carrie	31	Della	67	Jay Fred	82
		Carroll E.	29	Edna	67	Marshal	76
BLACKBURN		Dalton	32	Ella	67	Marshal	82
Carl	97	Dana A.	31	Gay	67	Mary M.	82
Chloe	23	Dave	49	Hazel	68	Opal	82
Christine	98	David C.	29	James	25	Ottie M.	82
Crathie	97	Dennis	32	John T.	78	Virginia	82
Fred	23	Donald	29	Myrtle	25		
Georgia	98	Dorsa	32	Nellie	25	BUNTON	
Grace	98	Ernest	32	Ruby	25	Anna	44
Hill	23	Eva S.	11	Susan	25	Asa	47
James	97	Georgia	32	William	67	Bernice	40
Janilee	97	Ida	53			Bertha	47
Lexie	97	Issac	30	BRIGGS		Beulah	40
Marie	23	Junior	32	Jasper	58	Brazil	44
Mary	23	Lee	53	Lois	58	Caralee	78
Mary	97	Lyda	29			Carroll	55
Mary	97	Martha	32	BRISTOL		Cora	55
Mary Odell	23	Mollie	32	Binnie	9	Dana	44
Paul	23	Raina	29	Elbert	9	Danford	45
Pearl	23	Robert L.	31	Emma G.	9	Dewey	78
Silas	23	Sergia	32	Hazel B.	9	Doran	54
Stuart	23	Sudie	32	Myrtle	9	Dove	54
W.A.	98	Tom	32	Ruby K.	9	Edward	45
W.B.	97			William E.	9	Ercel	55
		BRADLEY				Ethel	43
BLAIR		Bertie	21	BROWN		Ethel	78
Beryle	43	Bertie	22	Atlee	9	Etta	40
Bettie	43	Blanch	37	Dorthy	99	Fannie	55
Boyd	43	Cyrus	11	Eva	52	Fawn	39
Doyle	43	Ervin	21	Eva	75	Frank	47
John	43	Howard	38	Hettie	9	James	47
Olena	43	James M.	37	J.C.	99	Joseph	55
Vaught	43	Ketha(Goose)	22	James	52	Kemp	45
		Lester	21	Marcelene	99	Mack	39
BLEVINS		Mae	37	Nancy	75	Maggie	39
Albert	39	Norvin (Nub)	22	R.V.	52	Margaret	55
Carson	90	Pauline	37	Shirlia	52	Martha	47
Charlie	39	Rebecca	21	Stanley	52	Mary	43
Cline	90	Rosalee	22	Stella	52	Mary	47
David	39	Sarah	11			Mary	78
Durant	39	Wiley (W.T.)	22	BRUCE		Maud	40
Eliza	39	William	37	Elmer T.	2	Minnie	40
Emily	90					Nancy	54
Frank	39	BRANCH		BRYANT		Nancy	55
Ira	90	Bill	89	Herbert	80	Odell	54
Jady	39	Masel	89	James	80	Pearl	47
Joe G.	39	Rosa	89	Joe	80	Raleigh	40
Luzina	32	Roy	89	John G.	80	Robert	55
Nelia	90			Mary	80	Ruth	45
Robert	39	BREWER		Robert	80	Samuel	40
Sells	90	Alex	25			Sarah Catherine	39
W.J.	90	Arthur	67	BUMGARDNER		Scott	47
William	1	Billy	25	Lena	74	Spencer	39
Winnie	39	Bona	67	Robert	74		

Surname / Name	No.	Surname / Name	No.	Surname / Name	No.	Surname / Name	No.
BUNTON		**CABLE**		**CABLE**		**CAMPBELL**	
Taylor Ben	39	Alma	49	Sallie	49	James	85
Thomas	55	Alta	49	Sallie M.	4	James	86
U.S.	39	AndyLafayette	19	T.Lee	16	Jessie	86
		Anna L.	16	Thomas Jr.	4	Jimmy	96
BURCHETT		Anna Reece	4	Thomas W.	4	Joe	86
Bernice	69	Arthur	44	Tilda	74	Laura	19
Carrie	69	Beatrice	44	Trula	44	Laura	86
Edd	69	Bertie	24	Wallace	16	Laura	97
Ethel	61	Catherine	44	William	44	Lawrence	1
Frances	69	Dallas	16	William	49	Lena	19
Fred	61	David	49	Willie	49	Lester	97
James	61	Delia	49	Wm. Lafayette	23	Lucy	98
Lilly	69	Delores (Dee)	49			Lulu	85
Roy	69	Dennis	44	**CALDWELL**		Mae	2
		Dewey	49	Arthur	8	Margaret	1
BURTON		Earl	44	Doris	8	Mary	40
Cora	41	Ella Anderson	49	Edna	8	Mary L.	1
Dovie	54	Ella Mae	44	Ford	4	Nancy	99
Ella	15	Fannie	24	Hugh	8	Ode	39
Estella	41	FrancesCharlene	49	Merle	8	Oma	40
Frank	43	G. D. (Jim)	24	Rhoda	8	Paul	1
Gladys	43	George	39	Robert E.	8	R.D.	19
Helen	43	Gladys	44	Theodore	16	Robert	99
Ida	43	Glen	19	Walter	8	Rosa	97
Lois	16	Haskel	44	Victor	8	Roscoe	86
Lon	41	Hollis	44	Virginia	4	Ruby	96
Lona	43	Howard	39			Sam	97
Lucille	16	Hubert	44	**CAMPBELL**		Selma	39
Martha	54	Ida	39	Alice	97	Selmer	86
Maude	15	J.C.	16	Anna	40	Thomas	40
Millard Scott	54	Jake	49	Anna	86	Tom	86
Millicent	41	James	49	Arzonia	19	Verlan	40
Minnie	54	James P. (Rod)	24	Bob	98	Vernon	85
Ola Mae	15	James R.	74	Bud	96	Vernon	86
Paul	54	Jerd	39	Burson	19		
Raleigh	41	John C.	49	Carroll	40	**CARDWELL**	
Rebecca	54	Kermit	44	Charles	98	Clo	21
Rosa	54	Lida	4	Charlie	2	Eugene	21
Vaughn	43	Lillian	49	Cora	40	J. T.	21
William	43	Lois	49	Elana	2	James H.	21
		Lona Forrester	23	Elsie	40	Mary A.	21
BUTLER		Loyd(Hoover)	16	Ena	19	Myrtle	21
Anna W.	10	Mae	74	Ernest	86	Ray	21
J.Donnelly	10	Mamie	16	Ester	40	Roscoe	21
Sproles	10	Margie	39	Ester	40	Virginia	21
		Mary	44	Eula	2		
BYERS		Myrtle	44	Fay	39	**CARRIGER**	
Bonnie	34	Nancy	24	Frank	40	Eliza	12
Calvin	34	Oda	39	Frank	2	Ethel	13
Clyde	34	Olivena	16	George	96		
Garfield	34	Paul	19	Glenn	40	**CHURCH**	
Jack	34	Raymond	19	Guy	19	Cledith	71
Kate	34	Raymond	33	Hester	97	Ethel	71
Lillie	34	Rinda	20	Hollie	2	Evan	71
Mabel	34	Ronald	44	Ira Lena	2	Georgia	24
Martha	34	Rosa	49	Jack	40	Herbert	71
Paul	34	Ruby	51	Jake	40		

CHURCH
- James 71
- Lonnie 71
- Louise 71
- Margaret 63
- Olive 71
- Sara 71
- Sarah 63

CLARK
- Birtha 57
- Chelsie 20
- Clarence 20
- Coy 20
- R. J. 20
- Silas 57

CLAWSON
- Frances 51
- Rebecca 14

COCHRAN
- Sarah J. 11

COFFEE
- Fred 14
- James 14
- Jennie 12
- Jimme 14
- Muriel 14
- Nell 12
- Pauline 10
- Rome 12
- Stewart 10
- Vance 12
- Vance Jr. 12
- William 12
- Winnie 12

COLLINS
- Charline 96
- Emma 96
- George 96
- Tommy 96

COOK
- Dora 61
- Dorthy 61
- Glenn 61
- W.W. 61

COPLEY
- Caldonia 98
- Thomas 98

CORNETT
- Albert 35
- Bessie 72
- Bonnie 35
- Della 65
- Fred 35
- Kate 65
- Maggie 35
- Marifay 72
- Marion 35
- McLin Jr. 72
- Paul 35
- Pauline 35
- Viola 35
- William 65

CORUM
- Elizabeth 64
- John 64
- Julie 64
- Mary 64
- Ruth 65
- Walter 64
- Willie 64

COULTER
- Nellie B. 17

COURTNER
- Allen 7
- Angelie 72
- Blanch 61
- Carl 61
- Chloe 7
- Clyde 20
- Earl 7
- Edith 72
- Emmaline 6
- Frances 7
- Gladys 61
- Howard 7
- Isaac W. 6
- J.F. 72
- Jane 72
- John 61
- John Shelton 61
- Josie 72
- Julia Kate 61
- Loyd 20
- Mae 7
- Mattie 61
- Nannie 6
- Parlee 20
- Paul 7
- Ruth 61
- Susie 20
- Vernell 7
- Violet 20
- Walter 20

COWAN
- Aleen 54
- Arthur 42
- Clint 39
- Dillon 42
- Ezra O. 53
- Fronia 53
- George 42
- Georgia 53
- Hazel 54
- Henry 42
- Louis 42
- Lucy 54
- Mae 42
- Margaret 55
- Nancy 54
- Ronda 39
- Rosene 42
- Von Ray 54
- Wiley 54
- Winnie 39

CREED
- Callie 76
- Mary 76

CRESS
- Annie 71
- Calonia 71
- Charles 71
- Frances 71
- George 98
- Lucas N. 71
- Mae 71
- Robert L. 71
- Thelma 71
- William 71

CROSSWHITE
- Kate 2

CROWDER
- Alexander 81
- Alice 81
- Frances 81
- Mattie 81
- Megrath 81

CUDDY
- Jane 65

CURTIS
- Finley P. 8
- Mary 8
- Ruth 9
- Selma 9
- Selma R. 9
- William B. 8

DANNER
- David 22
- Edith 22
- Ralph 22
- Ray 22
- Rena 22
- Reyna 22
- Rosa 22
- Ruby 22
- Ruth 22
- Tina 22

DAUGHERTY
- Adam 77
- Andy 73
- Dora 70
- F.C. 46
- Frank C. 46
- Jackson 77
- Jacob 70
- Lillian 46
- Thomas 46
- William C. 78

DAVENPORT
- Demple 45
- Emma 45
- Ernest 45
- Eunice 45
- Howard 45
- Jacob 45
- Mandy 45
- Mary 45
- Nellie 46
- Sarah 45

DAVIS
- Charles 60
- Chester 89
- Elbert 60
- Ellen 59
- Elsie 89
- Fred 60
- Gertrude 89
- James Butler 84
- Joe 60
- Manuel 6
- Mary 89
- Mattie 60
- Nancy 57
- Nell 89
- Ollie M. 6
- Pansy 6
- Robert D. 59
- Sanford 89
- Sarah 60
- Wiley T. 57

DAY

Name	No.
Agnes	41
Bertha	77
Bettie	77
Broadious	41
Calvin Filmore	77
Clyde	77
Della	41
Edith	77
Floyd C.	2
George Henry	41
Ivory L.	76
James	77
Louise	77
Lydia Kate	77
Lydia Laws	77
Marquetta	41
Nancy	76
Ossie	77
Robt. E. Lee	76
Samuel	76
Theodore	77
Wm. David	77

DEAN

Name	No.
Ernest	54
Flossie	53
Hobart	53
Joseph	53
Maxine	53
Vaughn	53

DELLINGER

Name	No.
Amos	47
Dollie	47
Edward	47
Joseph	47
Maud	47
Thomas	47

DELOACH

Name	No.
Anna Mae	100
Astor	87
Beulah	77
Carter	87
Clyde	100
Dove	87
Edith	43
Edith Nell	79
Edsel	87
Ella M.	101
Ester	31
Hazel	87
Hortensia	43
Hortensia	79
Howard	100
J.G.	100
James L.	77

DELOACH

Name	No.
James S.	79
Joe	86
Kate	87
L.E.	87
Lavina	31
Lucy	87
Mamie	79
Marie	87
Mary	77
Mary B.	101
Mildred	31
Naomi	43
Pauline	101
Roscoe	100
Ruth	31
Sam	31
Spurgeon	43
Stella	100
Willard	87

DEVAULT

Name	No.
Bess	10
Doris	10
Dorothy	10
Edwin	10
Leonard	10
Robert M. Jr.	10

DICKENS

Name	No.
Carrie	78
Frances	78
Lucille	78
Millard	78
Thomas	78

DICKEY

Name	No.
David C.	21
Mary C.	21
Minnie C.	21

DICKINS

Name	No.
Arthur	52
Billy	52
Bob	52
Cabel	52
Manuel D.	52
Pamadore	52
Sarah	52

DIGGS

Name	No.
Fred	49
Joseph	49
Lorraine	49
Lou Cable	49
Loyd	49
Paul	49
Thurman	49

DISHMAN

Name	No.
Edward Vance	76
Ellen R.	76
Eva Arnold	76

DUGGER

Name	No.
Abbie	51
Alfred Clay	49
Amy	33
Barbara	20
Beatrice	51
Ben	49
Ben T.	40
Bettie	47
Bettie	51
Beula	39
Billie G.	5
Boyd	48
Carl	47
Catherine	52
Ceford	29
Celia	29
Charles E.	13
Corby	54
Crete	49
Dallis	5
Dalton	50
Dan	50
Daphne	5
David	29
Davis	46
Dayton	47
Dempsey	28
Dora	5
Earl	29
Edwin	5
Elias	54
Eliza	54
Ellen	13
Elva	50
Ethel	46
Eunice	54
Fate	29
Faye	13
Folk	46
Frank	29
Frank	50
Fred	29
Fred	45
Geneva	20
Glenn	47
Hassie	47
Haynes	54
Henry Harrison	39
Herbert	5
Herman	49
Howard	50
Hubert	49

DUGGER

Name	No.
Hunter	20
Ida	33
Ivalee	45
J. D.	29
J. P.	29
Jack	5
Jack J.	28
James	46
James	50
James C.	46
James E.	20
James Lee	13
Janie	9
Jean	50
Jessie	33
Jim B.	13
John	53
John A.	45
John Ham	51
Joseph D.	13
Joseph David	40
Joseph Ollie	40
Junie	48
Kate	20
Keneth	13
Lawrence	33
Lena	29
Lester	29
Lillie	49
Lockie	49
Loretta	46
Luckie	29
Lucretia	54
Lucy	49
Mae	13
Mae	46
Mae P.	29
Maria	50
Mark	46
Martie	48
Mary	28
Mary	50
Mary J.	13
Maud	29
Melinda	50
Milda	54
Molly	46
Nancy	29
Nancy O.M.	50
Nannie E.	29
Nellie	29
Norman	46
Norman	50
Novel Ben	48
Onie	29
Ordia	46
Orpha	39

DUGGER		DUNN		ELKINS		EVANS	
Parlee	51	Pearl	81	Alice	78	Bird	41
Paul	53	Polly	59	Bessie	78	Bonnie	41
Pearl	47	Polly	60	Della	78	Caroline	41
Ralph	48	Rachael	68	Donnie	78	Carroll	41
Ray	29	Raymond	66	Ellis	78	Clevo L. Jr.	8
Ray	46	Redith	66	Ettie	78	Cloise	16
Ray	49	Wiley	66	Pauline	78	J.D.	8
Rebecca	51	Winnie	65			James L.	16
Rhudy	49			ELLER		Ralph	41
Robert W.	50	DUVALL		Florence	1	Rebecca L.	16
Rose	20	Andy	74	Moses W.	1	Roddy	41
Roy B.	29	Erma	74			Sam S. Jr.	16
Sandy B.	9	Lola F.	83	ELLIOTT		Virginia	41
Selma	47	Margaret	74	Bernice	91		
Sol	48	Mary	74	Beulah	91	FARTHING	
Susan	5	Nina	74	Cassie	91	Abner	15
Susie	48	Thomas	74	Ellamay	99	Bobby Ray	70
Susie	49	Wilson S.	83	Estel	91	Bonnie	42
Teddy	50			Fred	99	Boyd	42
Truman	20	DYER		Gennettie	91	Edna	15
Valah Belva	40	Bettie	7	John	91	Edsel	36
Verdie	50	Calvin G.	7	Lillie O.	11	Ella	42
W. Duff	13	Edith	77	Mary	91	Florence	36
Wallace	54	Elizabeth	77	Mathew	91	Harry	42
Warren	51	Irene	7	Nell	99	Jacqueline	36
Warren	54	Joel B.	76	Peter B.	11	John F. (Jack)	36
William	51	Joel Blair Jr.	77	Ruth	91	Joseph	70
Wilma	47	Nannie W.	77	Warren	99	Laura	15
		Virginia	77			Leondas	36
DUNCAN		Wayne	71	ELLISON		Lois	70
John A.	37	Willijean	77	Robert	25	Mary	70
Tina	37					Myrtle	19
		DYSON		ELSWICK		Roberta	70
DUNN		Mose	72	Houston	69	Roger	70
Addie Lee	59	Sarah	72	Jack	69	Ruth	70
Barton	66			Nettie	69	Shaw	42
Bill	67	EGGERS				Susan	15
Biner	62	Aileen	6	ESLISA		Thomas	15
Charles	81	Clarence F.	6	Irene	16	Tina C.	70
Dorothy	81	Dovie	35			Tom	70
Edd	68	Eliza	13	ESTEP		Walter H.	70
Fannie	66	Eliza	35	Anna	86	Zella	15
George	66	Etta	13	Cordelia	86		
Gordon	66	Eula	35	Golda	91	FENNER	
Grace	67	Homer	13	Haskel	86	Annie E.	19
Hugh	65	Jim	35	J.G.	91	Clyde	19
Jane	66	Lawrence	13	James	86	Edna	19
Jerommie	60	Mary	35	John R.	86	Helen	19
Joe	62	Mary L.	6	Linda	86	Mary R.	19
Lemliatil	66	Myra	35	Maynard	86	Paul	19
Lizzie	81	Reece	73	Nick	86	Ruth	19
Lottie	66	Thelma	13	Onna	86		
Maggie	66	Wayne	13	Spencer	86	FINE	
Maggie	68			Stancil	91	John F.	1
Nina	76	ELDRETH		Wilburn	91	Mamie G.	1
Opal	66	William M.	79			Robert L.	1
Paul	79						

Name	No.	Name	No.	Name	No.	Name	No.
FISH		**FORRESTER**		**FRITTS**		**GARLAND**	
Madonna	98	Curtis L.	37	Carley	78	Bessie	88
		Dallas	37	Charley E.	31	Bud	80
FLANNERY		Denver	19	Clyde	94	Burl	85
Anna	54	Dexter	22	Cora	58	Cecil	88
Joseph	54	Ella	18	David	31	Charles	101
Juanita	54	Elve	65	Dewey	78	Chelsea	101
Matilda	54	Etta	18	Dana	18	Cinda	18
Ray	54	Floyd	65	Earl	31	Clara	87
		Francis	18	Edward	25	Clarence	80
FLETCHER		Fronia	37	Elsie	31	Clyde	101
Alice	99	Helen	65	Emeline	38	Cora Campbell	92
Annie	21	Hubert	18	Eunice	88	Cordelia	85
Belva	21	Ida	65	Ezekial	20	Cordelia	91
Bertha	21	Irene	1	Frances	58	D.L.	91
Bleatia	20	J. C.	19	George W.	18	Dalonie	92
Calvin Kyle	21	J.W.	75	George W.	75	Dearl	91
Cleona	98	Joann	38	George W. Jr.	75	Delford	91
Dallas	21	Lena	22	Gertie	38	Dennie	91
Dan	98	Loyd	1	Isaac	38	Ed	88
Donald	21	Lucille	1	Jane	20	Effie	93
Dorsey	99	Mamie	1	Jody	38	Ella Mae	80
Effie	98	Manda	65	Joe D.	25	Farris	93
Gertie	21	Mary Lorene	22	John	38	Fay	93
Gird	21	Millard	64	John M.	75	Flossie	87
Henry	20	Nila	64	Leona	25	Garfield	91
James	21	Orabella	1	Lillie	75	Garrison	87
Joe	20	Oscar	18	Mabel	18	Gertrude	93
Landon	21	R. D.	18	Maggie	31	Hector	87
Matilda	20	Rosa	75	Martha	31	Ida	28
Maxine	21	Roscoe	38	Mary	78	Keith	91
Millard	99	Ross D.	37	May L.	18	Kenneth	80
Noah	98	Samuel	23	McKinley	78	L.M.(Preacher)	92
Omer	20	Stanley	38	Nettie Lunceford	75	Laura	92
Ople	20	Texie	22	Oscar	37	Len	101
Ora	23	Vivian	1	Pansy	26	Letha	101
Otha	23	Wallace	37	Paul	25	Lillard	91
Ray	21	Wanda	37	R.D.	94	Lillie	93
Rebecca	23	Wm.Elbert(Doc)	22	Ray	25	Lucille	80
Richard	99			Robert	31	Lucy	88
Sarah	21	**FOX**		Ronda	94	Mae	87
Sarah	98	Clifton	13	Rosa	75	Martha	87
Spencer	99			Roy	94	McKinley	87
Vertie	20	**FRANCE**		Ruth	78	Medford	88
Walter	21	Ernest J. Jr.	6	Stella	94	Mossie	85
William	20	Mamie L.	6	Tina	94	Nina	91
Winnie	21			Una	75	Ola	80
Won	21	**FRAZIER**		Violet	31	Ollie Jenkins	101
		Margaret	71	Virginia Nell	31	Rachel	92
FORD		Norma	71	Warren	38	Robert	88
John	33	Thomas J.	71	Wilburn	25	Roosevelt	85
Nora	33					Ruth	88
		FRITTS		**GAMBILL**		Samuel	87
FORRESTER		Bertie	75	Ira	10	Sanford	87
Alice	65	Blaine	38	James Monroe	77	Sarah	85
Amanda	23	Brady	58	Nancy Jane	77	Sherrill	88
Blaine	65	Buster	38			Tillis	92
Burnice	38	Callie	25			Tilson	101

GARLAND

Name	No.
Venia	87
W.H.	87
Wheeler	88
Will	93
Wm. Garfield	85

GENTRY

Name	No.
Albert Barton	92
Alton	92
Blaine	92
Cora	93
Dorothy	94
Fina	93
Harry	93
Isal	93
Irene	93
June L.	94
Lee	94
Lottie	92
Mary	92
Maynard	94
Paul	92
Robert	93
William L.	93

GILBERT

Name	No.
Clay	82
Francis	49
Fred	49
Hannah	82
James D.	82
Loyd	49

GLENN

Name	No.
Mary	63

GLOVER 95

Name	No.
Harold	95
Helen	95
Ida	95
Wilma	95

GOODWIN

Name	No.
Alta Lee	2
Austin	1
Christine	10
Helen	10
Jean D.	2
Lem L.	10
Mae L.	10
Mary L.	1
Paul M.	2
Shirley J.	2
Stacy	1
William	1

GREEN

Name	No.
Billie L.	1
Bobbie	30
Dana	33
Ervin	33
Flora A.	11
George	33
Jennie	59
John B.	59
Joseph W.	11
Lizzie Elliott	33
Ray	59
Susan C.	1
Viola	33
John Worth	33

GREENWELL

Name	No.
Alfred	35
Anna P.	12
Bernice	35
Bruce	54
Connie	35
Dale	35
David	35
Della E.	37
Elmina	54
Ethel	12
Glenn	35
Haynes	12
James F.	37
Janet	12
John	54
Lena Kate	35
Lizzie	54
Louise	36
Mae	54
Martha	35
Martitia	35
Minnie B.	35
Opal	35
R.H.	36
Rod	35
Ruby	54
Ruth	35
Sandy A.	12
Sandy A. Jr.	12
William	35
Woodrow	54

GREER

Name	No.
Alexander	76
Martha Lou	76

GREGG

Name	No.
Blanch	65
Clinton R.(Rex)	50

GREGG

Name	No.
Cordelia	47
Dessie	51
Elsie	47
Ethel	39
Hattie	50
Joseph	48
Kenneth	47
L.D.	39
L.M.	47
Leason	36
Lillie D.	8
Loyd	36
Martha	47
Martha	48
Mary	48
Maud	48
Myrtle	36
Nelson	28
Ottie Clyde	39
Ottie Creed	39
Pauline	8
Ruth	8
Sarah E.	28
Spencer	48
Thomas	48
Thurston	51
Veriel	39
William	8

GRIFFEY

Name	No.
Chasteen	27
Dalton	16
David	15
Eddie	16
Ettie	27
George	15
Georgie L.	27
Haskel	27
Kathleen	16
Margie N.	16
Ona	15
Ray	15
Ruby	27
Walter	27

GRINDSTAFF

Name	No.
A.D. Jr.	56
Amos Daniel	56
Ada	24
Arlie	24
Berlin	22
Bessie	19
Carl	26
Claude M.	18
Coolidge	95
Curtis B.	20
Dan	19

GRINDSTAFF

Name	No.
Dan J.	24
Dana	56
Dean	24
Donald	25
Donald	56
Dora	23
Dorthy	94
Dudley B.	20
Earl	19
Edward	24
Emma	22
Eugene	22
Evadna	56
Florian	23
Francis	22
Frank	19
Geneva	94
George	22
George W.	19
Grace	24
Hannah	56
Hazel	20
Hazel	56
Henry C.	6
Hugh	20
Hugh M.	24
Irene	34
Isaac	25
J.M.(Millard)	94
James	19
James	22
Jarvis	20
Jessie	19
Jewel	23
Joel	56
John	83
John	99
Joseph	27
Justin	23
Katherine	27
Kyle	23
Laura	19
Lena	24
Leta	23
Leta	24
Lilly	56
Lisa	19
Louise C.	19
Lucille	18
Lucinda	23
Mabel	18
Maggie	22
Margery M.	94
Marquita	24
Martha	25
Mary Emily	23
Mary J.	24

GRINDSTAFF			HACKNEY			HARMON			HEATON		
Mary J.	24		Helen	57		Zenia	51		Inez	44	
Maude	6		James	6					Loyd	44	
Myrtle	24		James G.	13		HARRIS			Martha	44	
Nettie	19		Joyce	57		Ira Q.	6		Mary	44	
Nick	24		Margaret P.	13		James C.	6		Mary	44	
Nova Lee	22		Mamie	57		Louise	6		Samuel	44	
Ossie	99		Nina Lou	6		Margaret	6		Samuel Jr.	44	
Pansy	24		Novel	57							
Pollie K.	24		Thomas G.	57		HARTLEY			HERMAN		
Ralph	6		Thomas G. Jr.	57		Edgar	5		Minnie	7	
Ray	19		Wilburn B.	57		France	5				
Robert	23					Jim	5		HICKS		
Robert	56		HAGAMAN			Lawrence	5		Adam	51	
Roby	6		Flora	43		Missouri	6		Dewey	30	
Roby L.	56		Franie	43		Rebeckah	5		Fronia	26	
Rosa	56		Nancy	43		Rose	5		Howard	51	
Ruth	6					Tine	5		James R.	79	
Ruth	56		HAGIE			Vergie	6		Mary A.	85	
Sarah	19		Omar C.	3		Virginia	6		Ralph	51	
Sarah	20								Rose E.	79	
Stacy	22		HAMILTON			HAWKINS			Vergie	51	
T. J.	24		Angie	28		Ada	61		William	26	
Thomas	24		Annie B.	28		Anna Ruth	61		William H.	85	
Thomas	24		Edith O.	99		Arlene	61				
Ticia	22		Fred	28		Barton	61		HILLARD		
Verna	20		John H.	28		Clyde	60		MillardFilmore	82	
Vaught	99		Mary	28		Crathie	59		Mollie	82	
Wheeler	24		Robert	28		Dean	59				
William G.	19		Robert	28		Elbert	59		HODGE		
Winnie	94		Ruby	28		Frank	65		AbrahamLincoln	67	
						Georgia	65		Bert	45	
GUINN			HARMON			Hazel	60		Bessie	67	
Abe	28		Allen	41		James F.	65		Bessie	67	
Eula	50		Anna	41		John W.	60		Bonnie	45	
George	28		Anna Lee	76		Joseph	60		Clara	67	
J.D.	50		Arlis	51		Julia	60		Clyde	45	
Lasco	50		Avery	41		Lottie	59		Dallas	26	
Mollie	28		Ben	42		Mary Colleen	61		Edward	67	
Novella	50		Bertha	76		Mount	61		Eliza	99	
R.L.	50		Comodore	76		Nealy	65		Elizabeth	26	
Samuel	50		Donnie	41		Paul	59		Ethel	45	
			Elizabeth	76		Vada	61		Garfield	67	
GUY			Eugene	42		Wiley	61		Golda	99	
Belle	53		Gladys	76		Will	59		J.T.	26	
Eliza	53		Harvey	42					Jacob	45	
Henry	53		Homer	41		HAZLEWOOD			Lee	45	
Julia	53		Kenneth	51		Naomi	7		Lester	67	
Leona	53		Laura	41		William G.	7		Linne	72	
Mabel	53		Louvina	51					Louise	45	
Pauline	53		Lucinda	42		HEATON			Mack	26	
Roby	53		Martin	51		Bert	13		Millard	67	
Spencer	53		Mary	51		Clara	44		Norman	99	
			Nettie	42		Cordie	44		Olden	26	
HACKNEY			Norman	41		Ed	60		Opal	67	
Alice	6		Odell	51		Eveline	44		Pauline	67	
Dyson W.	57		Stacy	51		Floyd	44		Sylvia	99	
Edith	57		Walter C.	76		Ida	44		Venia	67	

HODGES

Name	No.
Elizabeth	74
James	74
James	75
James A.	74
Roscoe	74
Virginia	74

HOLDEN

Name	No.
Amanda	30
Arthur	49
Clyde	30
Crete	49
Fred	28
Gladys	49
Glenn	49
Guy	28
Jim F.	30
Nannie	28
Ray	28
Verdie	28

HOLLOWAY

Name	No.
Ada	28
Bruce	34
Carl	36
Claude	34
Cora	36
Dan	24
Edward	36
Elsie	48
Helen R.	28
Hugh	36
Ina	34
Lillie	24
Lou	47
Martin L.	24
Nina	34
Opal	52
Paul	28
Robert	24
Robert Austin	47
William Ernest	48
William France	48

HONEYCUTT

Name	No.
Fern	33
Tine	33

HOPKINS

Name	No.
Brookshire	98
Cora	98
D.S.	98
Florence	98
Jim	98
Lue	98
Mary	98
Nellie	98

HOPKINS

Name	No.
Pearl	98
Willie	98

HORNE

Name	No.
Barton	81
Bell	81
Bob	59
Bobby	60
Edward	81
Emmaral	81
Hobert	60
Howard	81
John	81
Marthy	81
Maud	81
Mollie	81
Robison	60
Ruby	81
Susan	60
Worley	81

HOWARD

Name	No.
Anna B.	10
John W.	10

HOWELL

Name	No.
Bettie	2
James	16
Thomas	17

HUMPHREY

Name	No.
Bill	80
Edna	80
Grady	71
Mamie	71
Rose	80
William F.	80

HUMPHREYS

Name	No.
Blanch D.	38
Joseph	38

ICENHOUR

Name	No.
Ellen	81
Homer	81
Mae	81
Roy	81
Victoria	81

INGRAM

Name	No.
Ed	9
Martha S.	10
William S.	10

IRICK

Name	No.
Arthur	49

ISAACS

Name	No.
Caroline	50
Charlie	9
Lou	42
Mamie	9
Ruth	9

JENKINS

Name	No.
Carrie	32
Charles Wm.	4
Charley	28
Herbert	28
Herman	4
James H.	4
John Franklin	4
Oma	28
Spencer	33
Tilman	33
Victoria	33
Virginia	32
Vivian	4
William	33

JEWETT

Name	No.
Alice	25
Frank	25
Ida L.	38

JOHNSON

Name	No.
Clyde	13
Georgia	92
Howard	13
Ida	13
Jack	13
Katy	13
Luther	13
Margaret	13
Oscar	13
Paul	13
Robert	13
Ronald	13
Ruby	13
Ruth	15
Violet	13
Virginia	73

JONES

Name	No.
Carrie	10
Essie	93
J.O.	93
John F.	10
Julia	93
Madge	30
Mina C.	93
Minnie	93
Molly	75
Roby	93
Sarah	93

JONES

Name	No.
Soloman	75
Tommy	62
Vada	62
Velma	93
Virginia	62
Virginia	93

KARL

Name	No.
Robert U.	10

KELLER

Name	No.
Alice	13
Annie	34
Calvin	32
Dorothy	13
Ester	25
Fred	34
George	25
Harvy	13
Helen	34
Mandy	32
Millard F.	13
Spencer	47
Warren	34

KIDD

Name	No.
Joe	69
Martha	69

KIMBERLIN

Name	No.
Bert	21
Blanch	21
Clifford	24
Clyde	24
Jessie (Ad)	24
Lena Mae	24
Ralph	24
Sarah (Ettie)	24
Zola	24

KING

Name	No.
Aleen	46

KITE

Name	No.
Bertie	96
Bertie	96
Cassie	101
Conley	101
Dorothy	3
Edward	101
George	96
George	96
Hiram W.	96
Holland	92

KITE

Issac	2
J.D.	96
Joseph Winfield	96
Ladora	96
Lexie	100
Maggie	101
Marie	96
Mary	96
Maud	96
Nannie	11
Ola	92
Ralph	100
Reece	101
Ronda	100
Sidney	3
Thomas W. Jr.	96
Will	101
Willard	96

LAWS

Agnes	64
Arvil	23
Bettie	61
Beulah	22
Blaine	22
Celia	22
Chalmus	36
Cinda	74
Clara	23
Clyde	23
Comodore	74
Cora	72
Don	61
Earl	22
Ethel	36
Francis	22
Fred	23
Georgie M.	22
Irene	22
Ivalee	23
J.D.	19
Jack	61
Jacob	19
James	72
James G.	22
JamesJ.	23
James S.	16
Leoti	61
Luke	61
Magnolia	72
Marie	36
Martha	18
Martha	61
McKinley	36
Minnie	20
Mollie	20
Pauline	22
Pressy	64
Ruby	19
Sallie	20
Silas	61
Smith	22
Vernice	23
Wayne	22
William	20

LEONARD

Fannie	11
Ilean	11
Inez	11
Joe D.	11
Mack	11
Nellie	11
Rose	11

LEWIS

Allilion Rose	33
Clarence	32
Elma	33
George W.	33
Mae	32
Martha E.	33
Ruth	33

LINEBACK

Bill	48
Charlotte	48
Henry Ben	48
Kathleen	48
Mary	48

LIPFORD

Alma	95
Arch	96
Belva A.	16
Belva A. Jr.	6
Beula	96
Claude	95
Clyde	8
Dana	95
Earl	95
Eliza	95
Ellen	95
Fred	96
Glenn(Buster)	95
James	8
Joe	95
Kermit	16
Lester	5
Lincoln	95
Mark	8
Mary C.	6
Molly	6
Pearl	95
Ramona	8
Ruby	8
Ruth	95
Tine	95
Tishia	96
Vernie	8
Vivian	8
Wayne	6

LONG

Joseph B.	16

LOVE

Florence	76
James R.	76
Martha	76
Sylvanie	76

LOWE

Henry	93
Julia	92
Maggie	93
Ollie	93
Pansy	85
Robert	93
Stephen	85
Tilda	92
Verdie	93
Will	92

LUNCEFORD

Allen	51
Annamae	37
Aud	37
Barna	97
Bessie	71
Bob	39
Bruce	51
Cany	51
Catherine	97
Clint A.	29
David	51
Don Jr.	72
Dorothy	72
Edd	72
Elizabeth	32
Ethel	51
Florence	29
Frances	97
Gordie	97
Hugh	37
Janie C.	29
Jennie	72
John	72
Joseph	72
Joseph	72
Laura	39
Lillie	37
Loyd	39
Luna Jane	72
Luvenia	39
Martha	29
Martha	72
Matilda	29
Nell B.	37
Noah	97
Opal	72
Pauline	39
Pearl	97
Robert Donald	71
Shelby	72
Thomas	72
Verlon	29
Virginia	51
William H.	29

MADRON

J. Horace	8
Robert	88

MAINS

Arthur	66
Asa	66
Charles	67
Clyde	67
David	67
Edith	66
Eliza	66
Ida	66
Joseph B.	67
Mae	66
Mandy	68
Maggie	67
Mary	68
Myree	66
Myrtle	83
Nelda	67
Nell	60
Nelle	66
Rachel	66
Spencer	67
Stoffle	67
Ulysses	66
Walter	66
Wiley	68

MARKLAND

Annie	16
Bearl	16
Dove	16
Jim	16
Orvel	16
Paul	16
Pearl	16

MARY
Anna	2
Francis	2
Fred	2
John P.	2

MAST
Roby	75

MATHERLY
Alta	94
Annie	94
Blaine	94
Bonnie Lee	98
Callie	94
Carl	5
Charles B.	18
Claude	94
Clyde	94
Dale	94
Danford	18
Doris	5
Ector	94
Ed	98
Eddie	94
Elmo	94
Ester	98
Florence	5
Fred M.	4
Georgia	98
Guy	98
Homer	94
Joe	94
John	94
John	94
Lillie	94
Louvenia	94
Margie	98
Marie	94
Marie	98
Mary	5
Mildred	98
Murle	98
Norma	94
Park	5
Rebecca	18
Ruby	94
Ruth	7
Ruth	94
Selma	94
Tennie	94
Van	94
Verdie	5
Virginia	98
Winnie	94

MATHESON
Avery	101
Barton	69
Bob	101
Carley	83
Claude	69
Earl	69
James	101
John Henry	69
Luther	101
Martha	83
Nelle	69
Ora	101
Paul	69
Ross	69
Ruth	69
Sallie Alice	69
Verdie Slimp	101

MAUPIN
Abner	7
Ernest	7
Grace	7
Hazel	7
Hugh	7
Lois	7
Mary	7
Willie	7

MAUPINS
Ada	6
Jerry	6

MAYS
Delores	82
James E.	81
John L.	78
John Winfred	81
Judy	82
Larkin M.	82
Martha	78
Virginia P.	81

MAZE
Edward H.	59
John	59
June L.	59
Thelma	59

MCCLOUD
Ara	47
Bessie	48
Charlie	47
Clyde	37
Crystal	47
Darlene	48
Dryden	15
Elbert	15
Elizabeth	15
Ellis	47
Elvin	37
Ernest	37
George	47
Harry	96
Ina	95
James A.	15
James L.	15
Lewis	37
Mary E.	95
Mary E.	95
Matt	37
Maxine	47
Oliveen	95
Robert	48
Robert	96
Rosa	15
Taylor	37
Walter	95
Waunita	37
William	95

MCCOY
Annie	64
Becky	64
Camiliah	66
Edgar	75
Elonia	66
Frances	75
Frank	64
Garfield	66
Grant	66
J.C.	75
James	64
Jessie	66
Junie	75
Margaret	66
Margaret	75
Millard	64
Myron	75
Ola	75
Opal	75
Stacy	66

MCCULLOCH
John	70

MCDONALD
Hazel	94
Lucy	94
Pat	94

MCDONNELL
Edward S.	16

MCELYEA
Andy	67
Annamae	36
Annie	37
Bettie	81
Cecile	9
Charles	72
Clarence	67
David	9
David	37
Dayton	9
Edd	81
Emma	75
Eugene	36
Hazel	9
Howard	75
Howard	80
Irene	72
J.L.	37
James	75
John	36
Lee	81
Maggie	67
Margaret	81
Mary	75
Milton	67
Morrie	9
Myrtle	36
Norman Jr.	36
Ollie V.	9
Pauline	81
Robert	37
Rosa	81
Roy	80
Ruby	9
Sandy	36
William B.	75
Woodrow	81

MCEWEN
Bert	88
Charlotte	88
Dana	86
Grace	85
Haggard	86
Ida	88
J.W.	88
Jannia	88
Kate	88
Lulu	94
Mae	86
Mary	85
Mary	86
Paul	85
Ralph	88
Sam R.	85
Walsy	86
Wanda	88

MCGLAMMERY			MCQUEEN			MILLSAPS			MOORE		
Jessie	62		Howard	7		Howard	6		Billie	2	
Raymond	62		J.S.	98		Juanita	3		Charlie	2	
			Jack	7		Marie	3		Edward	2	
MCGUIRE			Jim M.	14		Smith	6		Jessie B.	2	
Alfred	8		Kyle	95					Marjorie	2	
Julie	43		L.L.	95		MINK			Sallie	2	
Texie	43		Louise	59		Arley	68				
William	43		Lydia	96		Charles	59		MOREFIELD		
Willie	43		Mary A.	14		David	68		Ada	65	
			Mollie	98		David	68		Ada Mae	65	
MCKINNEY			Nealy	14		Dovie	68		Annie	79	
Allen	60		Norman	59		Ella	68		Conley	61	
Cecil	60		Opal	98		Emmert	59		Danny	61	
Mae E.	60		Ramona	14		Eulice	59		Edward	74	
Nell	60		Rex	7		Frazier	59		Elbert	68	
Norah	61		Roe	95		Jason	58		Ellen	65	
Robert	60		Rosa	7		Kelly	68		Ellen	79	
Walter	61		Ruth	59		Lucy	68		Frank	97	
			Sarafina	59		Maggie	68		Georgia H.	79	
MCNEAL			Shelton	98		Nina	59		Irene	65	
Bertha	3		Sherman	98		Ralph	68		Jacob	97	
Bertie	3		Thomas S.	59		Russell	68		James	65	
Carmon	3		Wade	95		Segeth	59		James R.	68	
Charlie	3		Willard	98					James Wilbert	74	
Ennis	3		William Mark	33		MINKS			Lona	74	
Floyd	3					Edna	79		Lona	74	
Josie	3		MERRYMAN			Ellen	79		Lottie	68	
Nell	3		Anna J.	17		Glenn	79		Maggie	79	
Ray	3					Ida Hicks	79		Mamie Creed	74	
Virginia	3		MILHORN			John	79		Martha	61	
Wylma	3		Harold	34		Lafayette J.	79		Mary	97	
			Hattie B.	34		Mary E.	80		Nancy	61	
MCNIEL			Herbert	34		Marylee	79		Opal	79	
Thomas	9		Howard	34		Minnie	80		Rena	65	
			James E.	34		Ross M.	79		Robert	68	
MCQUEEN			R. H.	34		Sarah Slimp	79		Rod	65	
Alice	14		Sarah E.	27					Thomas J.	79	
Andy H.	7		Wiley	34		MOCK			Verna	74	
Beatrice	33		William	27		Ella	58		William	61	
Bonnie M.	33					James	58		William C.	79	
Brad	95		MILLER			Maggie	58		William W.	79	
Brookshire	98		E.M.	63		Rosa	58		Wm. Burl	74	
Buna	33		Martitia	63					Wm. Floyd	74	
Catherine	95					MOODY			Wm. Floyd Jr.	74	
Chelsie	33		MILLS			Ben	55				
Doris	7		Alma M.	6		Edward	53		MORELAND		
Edwina	96		James L.	6		Eva	53		Danford	97	
Estel	33		James L. Jr.	6		Frances Marion	18		Filmore	97	
Eurania	95					Manda	51		Nancy	97	
Fay	95		MILLSAPS			Margaret	53				
Fuller	98		Alvin	3		Robert G.	18		MORGAN		
Guy	14		Anna	3		Ruth	55		Arthur	40	
Guy	96		Daisy	3		Samuel	55		John	40	
Harold	7		Ellard(Birdeye)	3		Texie	53		Josie	8	
Hazel	95		Estilda	6		Tom	51		Laura	40	
Hazel	95		Franklin	6		Venie	18		Mabel	40	
						Wm. R. (Will)	53		Naomi	40	

MORLEY		NAVE		NEATHERLY		NORRIS	
Anna Ruth	92	Florence	7	Oliver	64	Richard	100
Callie	21	Harry G.	7	Paul	65	Roby	90
Charlie	21	Julia G.	7	Peggy	58	Ruth	1
Clint	86	Kate	91	Raddell	65	Stanley	100
Connie	86	Lester	91	Robert L.	64	Susan	90
D.C.	21	Minnie	56	Roy	63	Sylvia	93
Dana	21	Nell	56	Ruby	11	Villa Lee	100
Dortha	21	Nettie	91	Smith	11	W.G.	100
Eula	21	Nick	91	Tammy	64	Walter	100
James	21	Red W.	7	Walter	58	Worley	5
Lafayette	22	Red W. Jr.	7	William T.	64		
Naomi	21	Robert	7			OAKS	
Pearl	22	Sarah	69	NORRIS		Noah	5
Synthia	86	Stanford	7	Archie	100	Ollie	5
Tilda	86	Titcia	91	Avery	33		
Wayne	22	Willa	91	Beatrice	5	O'NEAL	
Will D.	86			Brownlow	90	Joe	77
		NEATHERLY		Buster	8	Sarah	78
MOUNT		Betty	64	Caroline	40		
John Barton	81	Charles	64	Carrie	33	OSBORNE	
Mary Muse	81	Christine	58	Clarence	100	Annie	30
Mary Vaught	81	Claude S.	79	Dwight	33	Bertha	91
Wiley B.	81	Cora	65	Earl	33	Charley	25
		Crete	14	Earl Jr.	14	Hobert	30
MULLINS		Daniel	65	Eunice	93	Hoover	85
Alice	100	Dean	63	Everett	89	John	91
Catherine	90	Earl	58	Fay	5	Leonard	96
Eliza	100	Elbert E.	79	Fleenor	90	Lilly	91
Raymond	100	Ellen	58	Frances	90	Roby	91
Ronda	100	Ethel	11	Frank	93	Susan	91
		Ethel	14	Gladys	1	Ticia	25
MURPHY		Fannie	64	Golda	5	Varina	85
Mary A.	16	Forrest	14	Grace	40		
		French	14	Guy D.	1	OWENS	
MURRAY		Georgia	11	Haskell	90	Alice	80
Daniel Boone	99	Grace	63	Hobart	40	Belle	80
Isabell	99	Grace	79	J.C.	33	Edgar	80
Isabell	99	Helen	11	J. Cleveland	14	Grace	80
Jacob	99	Jacob	64	J.E.	100	James	80
Wm. Robert	99	James R.	58	Joe Flign	100	Maud	80
		John	79	John	80	William M.	80
MYERS		John	79	John Evans	100		
Chester	94	John L.	64	Juanita	89	PALMATIKE	
Emma	89	Joseph	64	K.D.	100	Christeen	10
George	89	Leeland L.	63	Lillie	14	Wilson W.	10
Gertrude	89	Lona	64	Lola	90		
Letha	89	Mabel	58	Lottie	90	PALMER	
		Mabel	63	Mabel	100	Arnold	42
NAVE		Maggie	64	Mack	8	Billie	42
Anna L.	8	Marjorie	58	Mamie	40	Charlie	42
Carl	7	Mary Jewel	58	Marie	100	Deloris	42
Charles	56	Myrtle	63	Martha Ann	80	Howard	42
Charles M.	56	Nell	63	Nancy	8	J.D.	42
David	69	Nellie	64	Polly	100	Muriel	42
Eva	91	Nettie	64	R.L.	90	Opal	42
		Oliver	14	Rader Mullins	100	Pauline	42
				Ray	100		

PAYNE		PERKINS		PIERCE		POTTER	
Arlie	52	Pearl	25	Cora A.	12	Bernice(Essie)	50
Beatrice	41	Robert	25	Mildred	32	Bill F.	23
Blanch	41	Robert Jr.	25	Roger	32	Bonnie	73
Blanie	41			Vaught	32	Clarence	41
Bonnie	52	**PETERS**		William J.	12	Dave	40
Bruce	55	Ava	90			Denice	24
Dana	52	Bob	90	**PILKINGTON**		Don	73
Danford	41	Bonnie	90	Enoch P.	12	Doris	40
Dayton	41	Bruce	90	Homer	12	Dorse	24
Delaney	41	Clyde	28	Lacy	12	Dorthea	41
Docas	55	Dessie	90			Elmer T.	26
George	41	Donald	10	**PLEASANT**		Ethel	50
Gladys	52	George W.	10	Bob	90	Eula	40
Joseph	52	Hazel	28	Cora	93	Finley	41
Marion	55	Hubert	27	Garfield Jr.	93	Forrest D.	26
Martie	54	Ivalee	90	Howard	71	Frank	73
Mary	52	Louise	10	J.L.	71	General Logan	50
Molly	52	Mary	10	Kale	89	Harold	50
Nancy	41	Robert	27	Karl	89	Hattie	40
Nell	52	Rosa	90	Keys	89	Irene	73
Rex	55	Ruth	10	King	89	J.C.	73
Ross	52	Wayne	90	Klan	89	James	40
Ruth	55	Willard	27	Kyle	89	John	50
Sallie	55			Lillie	90	Lionell	50
Sarah	52	**PHILLIPS**		Nell	90	Mae	24
Spencer	54	Bill	66	Ona	89	Mae	41
Verdie	55	Charles	52	Onnie	90	Marion	40
Winnie	52	Cora	99	Ova	89	Martha	79
		Cornelius(Neil)	52	R.B.	89	Mary	50
PEARSON		Dayton	52	Ray	91	Mary	51
Annie	30	Earl	83	Rosa	93	Maud	41
Bessie	51	Elmer	52	Ruby	71	Maud	73
Catherine Inez	52	Ernest	52	Sonia	71	Minnie	73
Claude	51	Gennett	83	Vena Price	89	Ordia	50
Clyde	30	George	12	W.B. Jr.	71	Phillip	51
Dale	30	George A.	83	Walter B.	71	Rebecca	51
Douglas	30	Handy	12	Weldon	90	Robert	41
Edsel	30	Hester	52	Will	90	Rose	41
Elmer	51	Irene	52			Ruby	24
Ernest	30	John W. Jr.	83	**POE**		Ruth	40
Howard	30	John	68	John W.	20	Sherman	51
Junior	52	John W.	83	Loyd	20	Thelma	41
Lawrence	51	Lara	83	Susan	20	Thomas	41
Marie	52	Mae	12			Virtie	73
Nellie	52	Maxine	52	**POOL**			
Paul	30	Myrtle	83	C.D.	20	**POWELL**	
Wayne	51	Ray	67	Conley	19	Hilton	28
		Thelma	66	Georgia M.	19	Julia	28
PERKINS		Thomas	52	Harry Lee	20		
C.L.	25			Hattie	19	**PRESNELL**	
Cleo	25	**PHIPPS**		Letha O.	19	Dan	1
Clint	25	David	101	Nellie O.	19	Dayton	30
Elbert F.	25	Lena	26			Earl	1
Ernest	25	Peter	101	**POTTER**		Edward	1
Ester	25	Tishia	101	Annie	24	Ernest	30
Mary	25			Arthur	40	Forrest	1
Nell	25			Barnette	24	Ida	30

PRESNELL
Mabel	1
Mae	30
Mona Jean	1
Roxanne	1
Vertie	1
Wesley	1
William	30

PROFFITT
Aden Ruth	63
Albert	64
Alma	74
Arvil	26
Bertha	62
Bertha	63
Beulah	26
Bruce	26
Carley	84
Carrie Mae	63
Clyde	63
Cora	67
Dan	99
Darcus	28
Effie	64
Elizabeth S.	28
Ellen	63
Erma	31
Gary	83
Hazel	62
Ida	66
Jady (Doc)	26
Joe	26
John	66
John	67
John H.	26
Lena Jane	26
Loretta	89
Louisa	65
MillardFillmore	83
Milton	64
Mollie	26
Ogle	26
Ora	83
Orville	83
Parlee	26
Pearl	26
Rector	74
Roscoe	62
Sam	89
Sammie	26
Thomas	28
Victor	74
Wiley	74
William	64

RAGAN
Mae	70

RAINBOLT
Alvin	27
Beckie	93
Bertha	93
Bettie J.	27
Buna	93
Clyde	27
Columbia	28
Dugger	27
Ed	93
Filmore	27
Gale	33
Grace	93
John M.	28
Keith	95
Lillie	27
Lottie M.	27
Matilda	28
Mae	93
McKinley	27
McKinley	95
Myrtle	95
Nancy E.	28
Park	93
Valentine	95

RAMBO
Genevieve	88
Molly	88
Ohlan	88
Venia	88

RAMSEY
Bettie	10
Bonnie	10
Earl	10
Hubert	10
James A. Sr.	10
James B.	10
James B. Jr.	10
Marie	10

RAY
Jim	14

RECTOR
James	34

REECE
Alice	9
Amanda	54
Boyd	9
Boyd	35
Celia	9
Dovie	50
Earl	35
Edith	50
Ellen	30

REECE
Goldie	35
Harvey	35
Hiram	57
Inez	14
Jake	30
Kate	35
Mattie	57
Rose	9
Ruby	35
Salvie	35
U.Grant	9
Vivian	35
Wanda K.	50
William	54

REED
Ruth	24

RHYMER
Jane	8

RICHARDSON
M. Louise	69
Mary	70
Virginia Nell	70

RIGGINS
Mae	48

RITCHIE
George	16
Harry	16
Helen	16
Lula A.	16
Robert H.	16
Zella	16

ROBINSON
Bertha	99
Bessie	89
Betty	4
Bonnie	88
Delmar	88
Doug	93
Effie	100
Eliza	92
Elizabeth	97
Elmer	88
Emanuel	88
Emma	3
Emmaline	97
Evelyn	4
Fay	88
Fern	88
Fred	92
Garfield	92

ROBINSON
Gordie	92
Grace	88
Hazel	92
Hobert A.	3
J.D.	88
James D.	2
James D. Jr.	2
Joe H.	100
John	89
Julia	100
Kyle	100
Lela	89
Lena	2
Lena	92
Mary	92
Nannie	2
Norma	92
Rosa	97
Sallie	93
Sallie Stout	92
Selmer	88
Susan	92
Titcia	97
Winnie	88
Winnie	92

ROSENBAUM
Ben	73
Charles	73
Herbert	73
Jim	73
Lottie	73
Mattie	73
Opal	73
Rachel	73

RUNYON
Basil	4
Hazel	4
Issac	4
Neva C.	4
Opal	4
Sobel	4

SALTER
Chesley	89

SCOTT
Mollie	56

SHAW
Adell	78
Burless	78
Ellen	78
Ilean	78
Thomas Gaston	78

SHEETS

Name	No.
Eugene	65
Minnie	65

SHEFFELD

Name	No.
Charlene	3
Charles D.	3
Helen	3
Laverna	3
Wylie L.	3

SHEFFIELD

Name	No.
Boyd	48

SHELL

Name	No.
Fred	13
James A.	13
Virginia	13

SHOUN

Name	No.
Alzenia	28
AndrewHenderson	76
Arthur	96
Arthur Jr.	96
Bettie	76
Constance	76
Edna	96
Ellen	9
Elmer	14
Emil	14
Eylene	14
George	28
George	96
Grace	96
Hugh B.	14
Joe	76
John	96
Minnie	76
Peter Hilton	28
Selma	14
Thomas J.	9

SHULL

Name	No.
Addie Arnold	82
Carolyn	74
Carrie	9
Charles R.	83
Earl D.	82
Florence	74
Jacqueline	82
James A.	73
James Malcolm	74
James Roby	82
Joe C.	82
John D.	82
Laura	83
Mary Elizabeth	74
Mary L.	82

SHULL

Name	No.
Mildred	83
Nathaniel C.	82
Rebecca	73
Robert	83
Sara A.	83
Sarah	74
Virginia	74
William Hal	73

SHUPE

Name	No.
Alice	85
Emma	85
Frank	85

SIMCOX

Name	No.
Blanch	62
Bruce	63
Charles	63
Charlotte	63
Cleo	27
Dorothy	63
Emma Kate	63
Jabin	62
James	63
James Palmer	63
Jennie	63
Joe	62
John Thomas	63
Joyce	27
Juanita	63
Laverne	27
Lilly Beatrice	63
Mamie	63
Marshall	63
Mary	27
Mary Cole	62
Mattie	63
Myrondean	63
Nettie	63
Offie	27
Parlee	63
Rebecca	63
Rettie	63
Robert Shelton	63
Ruby	63
S. M. Jr.	27
Stanley	27
Wiley	73

SIMS

Name	No.
Ermmen	45

SLACK

Name	No.
Archie	26
Archie	42

SLACK

Name	No.
Callie	26
George P.	26
Grace	26

SLEMP

Name	No.
Callie	30
Michael Jordon	30
Tine	30

SLIMP

Name	No.
Alma	56
Arthur L.	11
Arvel	62
Barton	56
Bascom	56
Blanch	33
Butler	37
Carolyn	56
Charles	62
Clytdie	62
D.Winfield	3
Dana	30
David	56
Delia	26
Donna	37
Edward	95
Effie	56
Elizabeth Ann	62
Ellen	30
Elsie	62
Emma	68
Ethel	33
Fate	31
Frances	95
Glenn	33
Gordon	11
Hollis	37
Isabella	11
James	26
James	56
James	95
James L.	37
Joanna	37
Joe	56
John	56
John A.	15
Kate S.	15
LuEllen	3
Lulu	11
Mabel	37
MacDonald	62
Mae	68
Martin A.	68
Mary	56
Mary E.	30
Maud	56
Mildred	95

SLIMP

Name	No.
Millie	37
Minnie	33
Nettie	62
Rilla B.	56
Robert B.	37
Robert Bruce	37
Rutha Mae	37
Ruthanne	37
Tressie	30
Venie	62
Vera B.	15
Wm. Elconia	33
Worley C.	37

SMALLING

Name	No.
Robert C.	11
Vera	11

SMITH

Name	No.
Annanita	7
Annie	75
Bertha	83
Blanch O.	9
Bobby Ray	14
Charley	18
Crissie E.	26
Curtis	18
Daniel	18
Earl	8
Edina	83
Elbert	8
Ernest	18
Etta	14
Eula	14
Evaline	14
Fannie P.	83
Georgia	83
Grayson	7
Harry	14
J.Grayson	14
Jaden	75
Jim	18
Jim	91
John Taylor	7
Kelsie	8
Kirby	18
Lona	10
Louise	65
Maggie	83
Mary	14
Mary	75
Mildred	18
Milton	83
Nicholas	26
Ona B.	8
Opal F.	83
Robert B.	83

SMITH
Name	Page
Robert L.	14
Ruth	26
Sarah	18
Solmon	14
Susannah	18
Uri D.	9
Wade	83
Walter	75
William H.	83

SNEED
Name	Page
Eileen	89
Eleanor	90
J.D.	90

SNYDER
Name	Page
Alex	80
AlexMonroe	44
Alex S.	80
Bernice	31
Bernice	45
Bettie	15
Billy	60
Burlie	15
Callie	31
Cara	44
Chrissie	60
D.L.	80
Daisy	45
Dayton	44
Donna	60
Dorthea	44
Elbert	15
Elsie	56
Ernest	45
Eureka	80
Floyd	31
Frances	45
Fred	75
Glen	45
Hollie	56
J.L.	31
James D.	56
Jennie	56
John	44
John Lemuel	45
Juanita	31
Martin	80
Mary	31
Mary	53
Milton	60
Nina	45
Noah	80
Ollie	80
Paul	44
Pauline	31
Pearl	60

SNYDER (cont.)
Name	Page
Polly	45
Robert	80
Susan	75
Susan	80
Wade	45
Wiley	80

STALCUP
Name	Page
A.J.	100
Alice	100
Annie	100
Bill	92
Callie	92
Hazel	100
Homer	92
J.A.	100
Laura	100
Leslie	100
Mae	100
Martha	100
Nelia	92
Ray	92
Ray	100
Stacy	99
Wanda	100

STANSBERRY
Name	Page
Alta	42
Arthur	72
Audie	42
Blaine	42
Celia	42
Clarina	42
Cora	72
D.L.(Dan)	56
Daisy	72
David	56
Dortha	72
Edith	53
Ellis	53
Elsie	56
Etta	42
Gladys	43
Gladys	80
Harold	42
Harrison	56
Henry	42
Hubert	42
Hyder	53
J.C.	42
Jady	42
Jessie	42
Jessie	56
John	42
John	80
Lockie	53
Loyd	42

STANSBERRY (cont.)
Name	Page
Luther	53
Mabel	43
Martha	80
Mary	80
Maud	72
Nellie	80
Newton	53
Norman	43
Rebecca	56
Rosella	43
Stacy	72
Sylvania	42
Troy	42
Ulas	53
Vadie	56

STANTON
Name	Page
Alice	44
Alice	45
Angie	73
Annie	43
Carl	72
Casper C.	45
Charlie	44
Clarence	73
Conley	44
Daisy	44
Fannie	72
Frances	78
Frank	43
Henry	78
Hobart	43
James	72
JamesGrayson	78
John	44
Kemp	45
Lawson	78
Mary	44
Ollie	43
Orda	45
Ordia	43
Robert	72
Sarah	45
Thomas	72
William E.	72

STARNES
Name	Page
Alice	9

STEPHENS
Name	Page
Dexter	83
Earl	83
Ernest	83
Hattie R.	83
Julia	60
Loretta Fritts	83
Wagner B.	60

STEVENS
Name	Page
Benjamin	97
Florence	97
Frank	97
Ida	97
Jessie	97
Lilly	97
Maude	97
Sarah	97

STINES
Name	Page
Mary	5

STORIE
Name	Page
Amerzer	36
Dixie	36
Eula	36
Jack	36
Joyce	36
Mae	36
Olga	36
Theodore	36
William	36

STOUT
Name	Page
Ada	57
Alex	18
Alex	97
Alford M.	8
Alice	62
Alice Ruth	3
Alice Wilson	69
Allen	57
Allen	101
Alvin	69
Alvin	96
Anna Mae	32
Annie	68
Asa	30
Asa	68
Bessie	26
Billy	15
Bob	26
Bowsie	69
Buelah	27
Butler	99
Callie	1
Callie	32
Carrie	26
Carroll	31
Catherine	77
Chalmus	31
Charles	39
Charles A.	57
Chelsea	86
Clara	8
Cleo	73
Clyde	31

STOUT		STOUT		STOUT		SWINEY	
Clyde	97	Joe	91	Ralph	96	Clara	87
Conley	90	Joe L.	18	Rana	90	Eliza	87
Curtis	73	Joe N.	14	Ray	32	Hobart	87
Dana	26	John Kelly	62	Ray	57	Jesse	87
Dana	90	John L.	69	Raymond	27	Mary	87
Daniel	27	John M.	26	Retta	97	Mary	87
David G.	34	John M.	85	Rettie	26	Walter	87
David P.	77	John Nicholas	77	Roby	67	Wan	87
Dean	85	John Thomas	31	Rondal	31		
Delia	34	Johnnie	18	Rosa L.	101	TANNER	
Dock	90	Juanita	15	Ross	73	Addie	25
Donald G.	14	Junior	31	Rossie	31	Lydia	25
Donald Jr.	15	Kate	32	Ruth	27		
Donnie	69	Kyle	14	Ruth	89	TAYLOR	
Earl	86	Lacy	15	Sallie	14	Mae	55
Ed	90	Laura	77	Sam	68	Walt	55
Edward	67	Lemuel	77	Sam	86		
Edward	97	Leona	91	Sarah	57	TESTER	
Effie	6	Lessie Ann	62	Selma	8	Albert	62
Elbert	76	Lon	57	Shelton	67	Alice	63
Ella	67	Lona	27	Spencer	97	Alice	66
Elsie	88	Lona	86	Stacy	31	Alma	58
Ercel	96	Loretta	14	Stanley	32	Andrew	61
Ernest	27	Loretta	85	Stanley S.	69	Arizona	52
Estel	31	Lottie	90	Stella	15	Arthur	75
Ethel	86	Louise	67	Sylvia	96	Beatrice	46
Eula	31	Mae	27	Thomas	77	Carl	12
Eula Kate	8	Mae	31	Thomas J.	26	Carrie	62
Eva	77	Mae	57	Tice	32	Celia	46
Fannie	96	Mae	91	Tilly	88	Christopher	65
Fleenor	15	Maggie B.	76	Toll	67	Clara	64
Floyd	99	Marshall	62	Venie	69	Clate	58
Frank	86	Martha	31	Vera Jo	3	Claude	47
Fred	67	Martha	91	Verna	27	Claude	64
Fronia	34	Mary	73	Vernon	90	Claude	66
George	88	Mary	86	Virginia	69	Claudie	63
Georgia	31	Mary J.	34	Walter	86	Clyde	62
Gertrude	10	Mary L.	85	Walter H.	6	Coolidge	46
Gladys	14	Maud	67	Wanda	91	Cora	62
Godfrey	34	Maud	89	Wayne	89	Cordelia	65
Grady	62	Melvin	31	Wiley	27	Coy	62
Harold	33	Millicent	101	Wiley	67	David	65
Hazel	27	Minnie	26	William B.	3	David	75
Hazel	86	Mollie	99	Willie	26	David	75
Hazel	96	Myrtle	85	Winnie	69	Dorothea	47
Helen M.	8	Nancy	18	Wm. Presley	91	Dorothy	75
Henry	85	Nancy	26	Wylie	14	Dottie	58
Ida	32	Nancy	62	Zola	31	Earl	64
Ida	57	Naomi	32			Ellen	58
J.R.	90	Nell	73	SWIFT		Ellen	61
J. S. Jr.	31	Nell	77	Auriola	71	Ellen	65
Jacob N.	77	Novil	96	Bess Crosswhite	2	Emma	64
James	99	Ona	97	Clay	71	Eunice	47
James K.	32	Opal	14	David A.	2	Eunice	53
James R.	73	Parker	14	Joseph D.	71	Fonzo	58
Joe	61	Paul	27	Roby	71	Fred	65
		Pink	31	Theodore	71	Fronia	46

TESTER
George	66
Georgia	61
Hannah	46
Haskel	46
Henry Clay	62
Homer	12
Hoover	58
Hugh	63
Imogene	83
Ira	47
Jack	66
James	53
James M.	52
Jennie	12
Joe	62
Joe	64
John L.	81
John McClellan	62
John Milburn	64
Julia	62
Julia	60
Lon	63
Loyd	65
Lucy	66
Lucy	75
Lura Kate	75
Maggie	60
Margaret	65
Marie	46
Martha	65
Marthie	64
Maud	62
Maud	65
Mike	63
Mina	46
Minnie	47
Nathanel	5
Nell	66
Olive	75
Opal	58
Phoebe Lee	44
Raleigh	46
Rebecca	64
Rebecca Gail	62
Rettie	66
Robert	46
Robert	62
Robert	66
Robert	75
Robert A.	64
Roscoe C.	47
Roxie	47
Roy	60
Ruby	60
Ruby	62
Sallie	58
Sarah	60

TESTER
Shelton	65
Smith	83
Spurgeon	46
Stanley	60
Stella	64
Susan	60
Susan	81
Tennessee L.	64
Vennie	62
Vernica	47
Virgie	62
Vonnie	64
Wade	63
William	46
William	62
William S.	66
Winnie Arney	83
Wm. Mack	46

THOMPSON
Erma	11

TILLY
Inez	78
Mary	78
Opal	78

TODD
Alice	9
Chester A.	9
Chestilie	9
Katherine	9
Vera	9

TRIPLETT
Adie	30
Allen	79
Billy	29
Billy	78
Clyde	34
Coy	29
Edna	29
Fay	29
George	34
Gladys	29
Glasco	29
Hillard	29
Iva	29
J. D.	34
James	78
John	30
Lilly	78
Marie	34
Martha	30
Mary	29
Maynard	29
Mildred	29

TRIPLETT
Paul	78
Robert D.	30
Roscoe J.	78
Roxie	30
Smith	78
Thelma	34
Turner	29

TRIVETTE
Albert R.	3
Buna	50
Fred	50
Hazel	50
J. Finley	3
James	50
Lona	32
Maria M.	3
Rose	3
Roy A.	3
Solomon R.	32
William L.	3

TUCKER
Charles	12
Elbert	12
Ellis	12
Florence	12
Herbert S.	12
Louise	12
Matilda	12
Troy D.	12
Warren	12

TURBYFIELD
Cora	13
Gernie	13

VANNOY
Chloe	82
Etta E.	82
Fred	82
Helen	82
John	77
John Jr.	82
John W.	82
Joseph	76
Marie	76
Melvin P.	76
Nell	82
Ransom G.	76
Susan	76

VAUGHT
Abner	60
Alice	61
Annie	23
Bulah	58

VAUGHT
Callie	18
Callonia	60
Charles	60
Conley	58
Dale	59
David	23
David	61
Desa	18
Dessie	23
Ella Mae	59
Ellen	18
Ellen	60
Eveline	59
Frances	59
Gertrude	59
J. M.	18
Jacob S.	60
Jennie B.	23
Jessie	58
John H.	15
John L.	18
John M.	18
Joseph C.	15
Lillie	23
Lilly	59
Margaret	59
Mary	58
Monica	60
Nannie	59
Nell	58
Nellie	23
Raymond	59
Ree	23
Robert	23
Sallie	18
Sarah	32
Toy	58
Venie M.	18
Wiley W.	80
Willie	18

VINES
Thomas	50

VON CANNON
Alvin D.	11
Anna L.	12
Joseph	11
Marie	11
Mollie	11
Polly	11
Virginia	11

WAGNER
Addie	57
Alice	59
Arthur B.	48

WAGNER		WALKER		WARD		WARD	
Claude	57	Mary Ellen	4	Hildred	5	Wilson	70
Daniel	30	Ray	84	Ida	73	Woodrow	1
Delmas D.	57	Robert S. (R.S.)	84	Isaac	73	Woodrow	82
Elbert	32	Sallie D.	84	James	70		
Eula	48	Vonnie	58	James	70	WATSON	
Fate	23	Wm. Roby	84	James	73	Daniel	50
Florence Potter	79	Worley	58	James D.	57	Eliza	50
Haggard	48			James D.	73	Gladys	50
Hattie	57	WALLACE		James H.	82	Kate	52
Jennie L.	81	Alice	85	Jim	1	Leckie	52
Lee R.	79	Bert	85	John	61	Ruby	50
Margaret	48	D.S.	85	John	70	Thomas	52
Mary	59	Pearl	85	John D.	32		
Mary	79	Ruby	85	John M.	9	WEAVER	
Mary Kate	48	Stacy	85	Joseph	73	Bynum	11
Maud	57			Kate	57	Dorthy G.	11
Nancy	23	WALSH		Kermit	70	Grady	11
Nat	81	Mary	32	Laura	28	Hiram L.	11
Nell	57			Lillie	1	Homer	11
Nicholas	59	WARD		Lillie D.	70	Mattie	11
Roy	79	Addie	72	Lona	70	Sallie J.	11
Tice	57	Alma	84	Lottie	70	Smith	11
Ticia	30	Anna B.	76	Loyd	73	Teddy	11
Vaught	48	Annie M.	82	Mabel	82		
Wilbur	32	Arnold C.	3	Maggie	70	WESSELS	
		Azora	73	Marie	2	Elizabeth R.	10
WALKER		Bettie	5	Mary	48	Katherine	10
Adlee	84	Biner	73	Maud	84	W. Kimberly	10
Beulah	84	Blaine	5	Milton	3	Walter B.	10
Bill	87	Carl	70	Mitha	76		
Blanch	84	Carrie	70	Mollie	73	WHITE	
Brownlow	87	Carter	70	Nat	70	Addie	5
Carrilea	58	Charles	84	Nelle	70	Clarence	5
Coy	87	Charlie	73	Nellie	48	Dewey	5
Elbert	87	Chelsie	1	Noah W.	5	Earl	5
Ellen	87	Clarence	2	Nola	25	Edith	5
George	13	Cora	2	Noah		Norman	5
George Jefferson	4	Cora Lee	3	Ollie	25	Pauline	5
Georgia M.	84	Dewey	2	Onie	9		
Glenn G.	4	Dolphus A.	76	Pauline	82	WHITEHEAD	
Helen	84	Dora	73	Pearl	70	Abbie	15
Herbert	84	Edna	70	R.V.	76	Carson	15
Hobart	87	Elbert J.	70	Ray	76	Christine	15
Hugh	84	Elmer	73	Robert	25	Clyde	15
J.C.	87	Elsie	25	Robert	32	Dorothy	15
James	58	Emma	82	Roy	3	Edward	15
John	87	Eugene	70	Ruth	82	Francis	15
Joseph Paul	84	Fannie	57	Sam P.	57	Frank	15
Laura	87	Frank	82	Selmar	2	John C.	15
Lela	87	Fred	70	Tapley	25	Joseph D.	15
Leona	4	George E.	79	Thomas Wilburn	82	Mae	16
Leota	84	George T.	79	Vertie	76		
Linnie	84	Georgia	70	Virginia	2	WHITING	
Lissia	87	Glen	2	Wade	5	Cornelia Caroline	7
Maggie	87	Glenn	76	Wheeler	73	Emily	7
Martitia	84	Hazel	84	Wiley	48	William S. Jr.	7
		Helen	3	William	28		

WILLIAMS	
Doris	77
Emily	77
Gertrude	77
James	77
Lottie Lee	77
Martha	77
Nancy	31
Sarah	77

WILLS	
Ray	59
Rosa	59
Ruth	59

WILSON	
Bonnie	46
Bulah	4
Carl	74
Charlie	46
Claude	74
Clyde W.	57
Dottie	57
Ella	45
Farrell	46
Fred	4
Fred Jr.	4
Geneva	1
George	1
Harry	57
Haskel	4
Helen	84
Howard	2
Howard H.	57
Ina	4
Jack	57
Jack R.	4
Jessie	27
Joe	84
John Barton	57
John G.	8
Josie	27
Kathleen	74
Loyd	46
Lucy	1
Margaret	1
Mary	74
Mary A.	26
Maud	84
Nannie	4
Nettie F.	8
Ora W.	57
Paul	57
Ray	2
Ray	27
Ray	74
Richard H.	74
Richard L.(R.L.)	84

WILSON	
Robert	27
Robert E.	4
Ruby	58
Sallie	4
Susan	84
Vera	4
Wayne	27
Wayne W.	57
William C.	4
Winnie	74
Zedrick	45

WOLFE	
Agatha	55
Burl	35
Delia	36
Don	36
Dorothy Lee	36
Ellis	36
Emily	36
Fred	36
Harry	35
Harry E.	35
Jennie	35
Joseph	55
Kathleen	36
Lawrence	36
Lawrence	55
Lawrence	55
Luther	36
Mary	35
Ode	36
Rita	36
Roberta	55
Roxie	36
Valeen	35
Verna L.	35
William M.	55
William M. Jr.	55

WOODRING	
Carl	12
Clint	12
Fannie	12
Glenna	12
Laura	12
Marion	12

WOODS	
Letha	71
Lucy	71
Nell	71
Thomas	71
Vennie	71
Wanda	71
William	71

WORLEY	
James	58
Tallulah	58
Tom P.	58
Walter W.	58

YOUNCE	
Mary	85
Pauline	2
Stanley S.	2
Victoria	2

YOUNG	
Mary	21
Sherman	21

NOTES:

www.ingramcontent.com/pod-product-compliance
Lightning Source LLC
Chambersburg PA
CBHW062047090426
42740CB00016B/3046